大学战略管理散论

DAXUE ZHANLÜE GUANLI
SANLUN

刘向兵 等◎著

人民出版社

序 言

目前，世界各地大学之间的竞争日益激烈，已经演变成对人才和科研经费的争夺。国内的大学之间更是如此。不过，这还是事物的一种表象。

2012年6月，大卫·普特南在美国麻省理工学院演讲时尖锐地提出："据我所知，如果我们不能从根本上改变教育的模式，我们试图'保护'的人群可能会发现，他们的整个未来都会被我们的怯懦毁了。这是一个悲剧。"

当前国际国内复杂多变，这对我们教育界来讲，无疑是个巨大的挑战，要求我们从根本上思考我们的教育，使下一代能够受到更好的教育，真正成为社会的栋梁，以实际的行动回答"钱学森之问"。

为此，中国教育界的同人们，特别是教育管理研究的同人们付出了不懈的努力，希望做出一种顶层设计，探寻出一条可行的道路来。其中，时时可见中国人民大学刘向兵研究员和他的团队的身影。

长期以来，这支团队另辟蹊径，从战略管理的角度入手，剖析我国大学战略管理问题，已获得可喜的收获，并结集成册，出版于世，值得一读。

战略对国人来讲，并不陌生。数典，可上溯到孙子，其军事战略思想至今仍影响着中外管理界。改革开放以来，我们的学界又大力地引进了西方战略管理的理论与思想，试图对我们的管理给以新的推动。

实际上，战略管理作为一门学科，是以经济学、社会学、心理学以及政治学等基本理论为依托，从 20 世纪中叶逐步地发展起来。其关注的重点基本上在外部环境与内部能力之间摇摆，关注的对象不仅是企业这样的经济单位，也包括学校这样非营利的社会组织。在这当中，组织社会学对战略管理的发展有着重大的影响。

组织社会学新制度主义学派代表人物迈耶（Meyer）和罗恩（Rowan）所撰写的开创性文章《制度化的组织：神话和仪式的正式结构》，就是以大学的管理作为研究的对象。资源依赖理论也是通过研究美国伊利诺伊大学和加州伯克利大学的教育管理而起步的。著名的战略管理学者明茨伯格教授更是从大学教育管理的角度入手，揭示了组织管理与战略管理的理论。1983 年，美国学者乔治·凯勒

（George Keller）出版了《大学战略与规划——美国高等教育管理革命》①一书，对此进行了系统总结和研究，一度掀起了大学战略管理研究与应用的热潮。

在中国，这一变化发轫于 20 世纪 90 年代到 21 世纪之初。由于高校管理体制的改革和高等教育的迅速发展，大学逐步确立了相对独立的法人实体地位，从制度上保证了大学的竞争主体地位，越来越多的大学被推入竞争的浪潮，形成了一些研究者所描绘的"中国高校已经步入激烈竞争的'战国时代'"②的局面。大学战略管理逐渐成为一门理论研究和实践探索双重活跃的学问。

刘向兵研究员可能是在这一领域较早探索的学者。他在 1999 年攻读博士学位期间，就经常探讨大学战略管理的问题，并不断大胆地探索这一问题。几年中，他先后主持了中国人民大学课题《中国高校发展的战略思考——高校战略管理研究》《以人文社会科学为主的世界一流大学的发展战略研究》和教育部软科学研究课题《中国研究型大学跨越式发展模式研究》；完成了博士学位论文《中国

---

① ［美］乔治·凯勒：《大学战略与规划——美国高等教育管理革命》，别敦荣译，中国海洋大学出版社 2005 年版。
② 马士斌：《"战国时代"：高校核心竞争力的提升》，《学海》2000 年第 5 期。

研究型大学核心竞争力战略的研究》，这是国内较早的将企业核心竞争力理论运用于研究型大学发展战略的博士学位论文。此后，他和李立国博士合著的《大学战略管理导论》一书，也是国内较早研究大学战略管理的专著。

这一时期形成的这些论文和文章，记录了刘向兵和其他研究者探索的历程。综合看来，大致可分为三个阶段。

第一阶段是对大学战略管理的必要性、可行性和趋势研究，强调我国的大学特别是研究型大学应当把握趋势，积极实施战略管理，大学已有的操作管理应向战略管理转型，并由此提出了大学战略管理的基本框架。

第二阶段是具体的操作性研究，探讨了具体实施中的若干理论问题，如大学战略管理中大学领导者、大学文化、有效沟通的作用，大学的战略规划如何上升为战略管理，以及大学可以实施的一些具体战略，如核心竞争力战略、国际性战略等等。值得一提的是，刘向兵在这一阶段认真地研究了战略管理中的核心竞争力问题，在大学核心竞争力识别、大学核心竞争力战略问题上做了一定探索，有一些创新。

第三阶段是对一些案例、实例的分析,将大学发展中的本科教学、学科评估、校史研究等与战略管理结合起来,凸显了战略管理的根本目标在于促进中国的大学弘扬特色、集中优势、整合资源、确保实现战略目标,从而使得战略管理在大学发展中的应用显得更具体、更明晰,对大学发展的指导意义也更加突出。

从这样三个阶段的研究,大致能看出本书作者致力于将企业战略管理理论"嫁接""移植"到大学管理领域的脉络。可喜的是,一篇讨论中国古代管理思想对现代战略管理价值和作用的论文,虽然在全书中所占分量很小,也让我们看到了作者经过一定学习借鉴、"西学为用"的过程,以及逐渐开始以中国传统管理思想来丰富和发展战略管理理论的初步尝试。

应当指出,刘向兵研究员长期在高校从事管理工作,事务繁巨,仍然能坚持这一领域的学术研究,并带动其团队一起从事中国大学管理的战略研究,实属难得。我和刘向兵研究员有师生关系,也是大学的同事,看到他学术上的进步,实感欣慰。

当然,一本论文集不能解决中国教育上的战略管理的全部问题,还需要进一步观察我国大学教育所面临的严重挑战,尽量在中国的情景下，结合教育管理的核心问题，凝练出大学教育战略管理的理论来，不断地保持在这个研究领域的领先地位。

最后，我想在这个历史变革的重大时刻，引用一位历史学家的话，即"历史变革就像一场雪崩。起点是貌似坚实的积雪山坡。所有变革都是表面波澜不惊，实则暗流涌动。有些事即将发生，但我们无法预知到底是什么时候"①。为此，我们要努力看清大学教育的发展变化，按照我们的愿景，勇敢地迎接变革的挑战，为社会培养出有用的人才来。

是为序。

徐二明
于中国人民大学商学院
2016 年仲春

① 戴维斯（Norman Davies）2012 年 10 月 9 日接受《金融时报》采访时的谈话。

目 录

我国研究型大学实施战略管理的
必要性及可行性初探 *

刘向兵 李立国

战略管理(Strategic Management)是组织为了长期的生存和发展，在充分分析组织外部环境和内部条件的基础上，确定和选择组织战略目标，并针对目标的落实和实现进行谋划，进而依靠组织的内部能力，将这种谋划和决策付诸实施，以及在实施过程中进行控制与评价的一个动态管理过程。

战略管理作为一门学科始于 20 世纪 60 年代，70 年代在企业管理学术研究和实际运用领域获得长足发展，随后又被作为非营利组织的高校、基金会、科研组织等逐步引入。可以说，战略管理理念的引入，既是理论的呼唤，又是现实的需要。

＊原文发表于《中国高教研究》2004 年第 7 期。

一、研究型大学实施战略管理的必要性、紧迫性

（一）研究型大学实施战略管理，是更快地提高办学水平和地位、实现跨越式发展的重要保证

战略管理既是一种管理思想，也是一种管理方式，不仅包括战略制定，还包括战略实施和战略评价，这三个阶段一起构成一种全过程的管理。与我国许多研究型大学正在进行的战略规划或战略计划相比，它更关注战略的可操作性，关注战略的执行即实施，同时加以有效的控制和评估，从而把战略的制定与实施、控制与评估等有机结合，并能整合组织的全部力量去实现战略目标。有效的战略管理可以为高校提出明确的发展方向和目标，有助于在系统思考、超前思考的基础上，"有所为，有所不为"，确定大学的战略目标和发展方向，制定实施战略目标的各项措施，采取准确的战术行动，以保证在不断取得阶段性成果的同时，实现大学的战略目标和使命，实现跨越式发展。

战略管理理念在我国大学虽然尚无完整的实践案例，却已越来越成为研究型大学的一种共识。研究型大学实施战略管理，是其更快地提高办学水平和地位、实现跨越式发展的重要保证。

（二）研究型大学实施战略管理，是适应外部环境急剧变化、

积极应对激烈竞争的必然要求

从现实情况来看，目前我国大学之间，特别是研究型大学之间的竞争主要表现在以下几个方面：一是人力资源即高水平师资的竞争，二是生源的竞争，三是办学资源的竞争，四是无形资源如高校社会声誉的竞争。而随着我国加入世界贸易组织，又使得高校的国际竞争逐步加剧。大学竞争的结果，虽不像企业那样惨烈，但同样存在优胜劣汰的现象。可以说，大学同样经受着不进则退、缓进则退，甚至是"生存还是死亡"的巨大压力。

因此，任何大学都再也不能像过去那样对自身的生存、发展和未来高枕无忧了，大学运用战略管理迫在眉睫。研究型大学只有开展有效的战略管理，才能为迎接一切机遇、应对激烈竞争创造良好的条件；才能集中精力迎接环境变化带来的机遇和挑战，采取积极行动优化在环境中的处境，迅速抓住机遇，减少与环境挑战有关的风险，更好地把握未来的命运。研究型大学实施战略管理，是适应外部环境急剧变化、积极应对激烈竞争的必然要求。

（三）研究型大学实施战略管理，是改进现有战略规划工作、提高大学管理水平的必由之路

20世纪八九十年代，许多高校特别是一些研究型大学开始把制定发展战略作为促进学校发展的大事来抓，设立了主管研究与规划学校长远发展和战略对策的政策研究室或发展规划办公室，制定了以发展战略规划、学科建设和队伍建设规划、校园建设规划三大规划为核心的"五年计划"或"十年纲要"，确立了学校发展定位、战略目标、战略重点及战略措施。

尽管如此，这种战略规划工作还存在许多不尽如人意之处。突出问题是规划的权威性未能体现出来，稳定性、科学性还不够；在实施和执行方面，既缺乏共同理念的引导、学校氛围的营造，又缺乏有效的控制、评估手段，使得规划的落实十分困难；体现在学校整体管理上，就是规划工作"只是规划部门的事"，各项工作缺乏协调、协作，各种资源缺乏整体配置，各个部门各自为战，管理的有效性也不够高。

为解决上述问题，改进现有的战略规划工作，提高大学的管理水平，应当尽快进入以发展规划总揽全局的战略管理阶段。

国外普遍认为，战略规划是战略管理的先导。战略规划是由一个专门的部门制定的，而战略管理涉及所有组织部门，它更综合地将战略扩展到所有组织单位；战略管理包含了战略规划，但它更关注战略的执行，关注整合组织的力量去实现战略目标；而且，规划或计划的制定不再是一个特殊部门的活动，而是全部管理者的责任。

这些分析充分反映了战略管理相对于战略规划的优势，具体在大学管理中，可以概括为：第一，战略管理不仅涉及战略的制定，而且包含着将制定出的战略付诸实施，以及对战略进行评价等环节，因而是全过程的管理，是一种动态的、总体性管理。第二，它更综合、更全面，应当并能够在大学管理体系中处于核心地位，引导且贯穿于大学的学科建设、人才培养、人事管理、学生管理、后勤管理等各项工作。因此，它追求的不是个别部门或环节的效率，而是整个学校的最佳态势；搞好规划、落实规划也就不再是规划部门独立的工作，而是全部管理部门、全部管理者的共同责任。第三，许多高校编制的"三大规划"即发展战略规划、学科建设和队伍建设规划、校园建设规划，都是分立的、平行的，彼此的联系并不紧密；而在战略管理中，它们是统一的，整体统一于战略管理的框架之下。这样，"三大规划"从制定到实施就更加系统、有序，三位一体。研究型大学实施战略管理，是改进现有战略规划工作、提高大学管理水平的必由之路。

二、研究型大学实施战略管理的可行性

国内外许多学者已经就战略管理在非营利组织包括大学运用的理论基础进行了充分阐述。研究型大学作为一种大型的、复杂的、多功能的、特殊的非营利组织，不仅具有实施战略管理的必要性，而且具备实施战略管理的可行性。

制定战略规划、对大学进行战略管理，已成为国外高校管理改

革的一个趋势。回顾许多研究型大学，特别是后来成长为世界一流大学的那些研究型大学的发展历史，不难发现战略管理所起的重要作用。

美国是世界上最早将战略管理理念引入大学管理的国家。美国的大学和学院协会把发展战略管理与运行管理、资源和财政管理、人员管理及信息管理并列为大学校长培训的五大内容。在研究型大学的运作中，最为著名的是卡内基·梅隆大学。这所历史不长、规模不大的研究型大学，之所以能在很短时间内成为全美1988—1998年大学教育质量提高最明显的四所大学之一，并且在计算机和信息技术等专业成为美国顶尖的大学，主要取决于其对战略管理的成功运用。由于大学本身的资金和能力有限，必须进行战略选择和规划，找出自己的比较优势，利用自己的强项，既使强项更强，又不追求在所有领域都领先，"有所为，有所不为"。

在欧洲，战略管理同样引人注目。英国也把战略管理作为大学管理的重要手段。大学发展战略和规划已成为英国高等教育决策的基础。

在亚洲，日本、韩国的大学也十分重视战略管理。韩国的主要研究型大学——汉城大学建设世界一流大学的主要经验，就是"大学发展是一个战略管理过程"，即大学在不同阶段，总是及时制定与社会发展相适应的发展战略规划并贯彻执行。

在我国，从 20 世纪 90 年代开始，陆续有学者研究高校战略管理问题，结合高等教育法的实施、多校区大学管理及合并高校的管理等问题，重点研究高校开展战略管理的重要性、主要内涵、基本步骤和基本内容，分析高校战略管理的特点。与现行的所谓"操作管理"进行区别，还有学者对高校开展战略管理自我评估的方案进行了研究，个别人还采用 SWOT 分析法对高校进行了环境—资源相统一的分析，或制定了高校战略管理的基本模型。清华大学、北京大学、中国人民大学、南京大学、同济大学等一批研究型大学，在发展中也体现出一定的战略管理思想。上述理论与实践上的努力尽管还比较分散，未能形成系统的体系、方法，也鲜有完整的成功案例，但毕竟为我国研究型大学实施战略管理创造了一定条件，已有的探索是十分可贵的。

综上所述，我国研究型大学实施战略管理具有必要性、紧迫性，同时也具备理论上、实践上的基础和条件。战略的正确与否关系到大学的兴衰，战略管理应当成为大学管理的核心和导向。高度重视战略管理并在大学管理实践和研究中不断探索并发展中国特色的研究型大学战略管理模式，是摆在广大研究型大学管理者和理论研究者面前的一项紧迫的课题。

参考文献

[1] 保罗·C.纳特、罗伯特·W.巴可夫：《公共和第三部门组织的战略管理：领导手册》，陈振明等校译，中国人民大学出版社2001年版。

[2] 王战军：《中国研究型大学建设与发展》，高等教育出版社2003年版。

[3] 徐二明：《企业战略管理》，中国经济出版社1998年版。

[4] 周三多、邹统钎：《战略管理思想史》，复旦大学出版社2003年版。

[5] 王大中：《建设世界一流大学的战略思考与实践》，见《大学校长视野中的大学教育》，中国人民大学出版社2004年版。

[6] 纪宝成：《建设以人文社会科学为主的世界一流大学》，见《发展与繁荣人文社会科学》，中国人民大学出版社2004年版。

[7] 蒋树声：《关于研究型大学发展规划的战略思考》，见《大学校长视野中的大学教育》，中国人民大学出版社2004年版。

[8] 章仁彪：《战略思维、战略时空与战略规划》，见《谋划发展，规划未来——教育部直属高校发展规划工作探索与实践》，厦门大学出版社2003年版。

[9] 宋吉缮、蓝劲松：《韩国大学发展的思路与对策——以汉城大学的改革与发展（1946—1985）为案例》，《外国教育研究》2003年第6期。

[10]课题组:《高等学校战略管理自我评估方案研究》,《高教探索》2002年第2期。

[11]陈运超、沈红:《浅论多校区大学管理》,《清华大学教育研究》2001年第2期。

[12]熊川武:《学校"战略管理"论》,《高等师范教育研究》1997年第2期。

[13]余南平:《市场经济下高校竞争的战略管理》,《上海高教研究》1997年第10期。

高等学校实施战略管理的理论探讨 *

刘向兵　　李立国

长期以来，制定战略规划主要是军事部门的事情。第二次世界大战以后，战略规划成为工商业界进行竞争、争夺更多市场份额的工具。同时，战略规划进一步发展成为战略管理。到了20世纪60年代，战略管理被运用于学校管理领域，首先在高等学校一显身手，推动了一些学校从困境中崛起，抓住环境变化所带来的挑战和机遇，实现了历史性的飞跃。

在2002年的中外大学校长论坛上，许多境外大学的校长都谈到了大学发展战略对于一所大学的重要性，认为对大学这样一个庞大、复杂而且承担着重要社会使命的机构来说，战略规划与管理是必不可少的。一所没有战略规划与管理的大学尽管很努力，也有可能永远走不出原有的圈子，难以实现突破性的发展。

---

* 原文发表于《中国人民大学学报》2004 年第 5 期。

一、高等学校实施战略管理的必要性

我国的高等学校长期以来在政府的控制、指导和支持下运作，扮演着执行命令的角色，对未来长期发展的问题并不需要主动考虑。但在市场经济条件下，情况发生了根本性的变化，政府从直接管理变为以间接调控为主，形成了以市场机制为导向、政府宏观调控为主导、学校自主办学为主体的高校运作机制。这样，学校的命运和前途就由原来完全掌握在政府手中变为一定程度上由自己把握，学校独立决策的功能得到强化，需要更多地思考自己的未来。

在世界范围内，高等教育的国际化已由趋势变为现实，我国高等学校的发展面临着发达国家高等教育的挑战。而经过高等教育体制改革，合并、调整后的我国高校，正处于从"精英"向"大众"高等教育转型的进程中。规模巨大、学科众多、校区地理位置分散、教师队伍水平不一、学生质量参差不齐，成为许多大学的现实状况。环境的迅速变化对学校的生存提出了挑战，也提供了发展的机遇。塑造学校优势，成为当前高等学校管理的热点话题。而要做到这一点，最迫切的就是要引入战略管理的理论和方法。

传统的高等学校管理是目标管理，侧重于功能管理，强调管理的内容及具体的目标，强调内部管理，偏重于内部各单位的整合，而不是站在环境变迁的角度，强调如何使组织抓住外部机会，寻求发展空间。而战略管理则强调外部管理，强调长期、具体目标的实现，即脱离自我中心，从他人或外在环境的观点来看组织问题，而非从自己组织内部去诠释外在问题。战略管理是一个组织寻求成长和发展机会及识别威胁的过程。战略管理的一个基本宗旨便是利用外部机会（External Opportunity）以化解或回避外部威胁（External Threats），它关注的是外部环境变化对组织发展的影响。

从管理角度看，任何组织总是力图从各个方面减少环境的不确定性。在稳定的环境中，这并不困难，因为在稳定、特定的环境中，组织可以制定具体的政策、规章、条例来处理日常事务。而在动荡、变革的环境中，这种内部管理形式行不通，组织必须建立一个更具适应性的反应系统。战略管理能够保证组织与环境之间有一个良好的战略配合，使组织的能力与环境要求相匹配；同时，安排组织内部的结构与运作机制随战略而变革，并发展出新的、足以应对未来挑战的能力。

高等学校的战略管理不同于传统意义上的战略规划。战略规划在管理领域流行于20世纪六七十年代，在80年代以后逐渐被战略管理所取代。战略规划仅是战略管理的一个组成部分，并不涉及战略的执行与评估问题，如果将战略规划、战略实施与评估结合在一起，便构成完整的战略管理过程。战略实施是将战略规划转化为现实绩效的过程。战略规划与战略实施之间存在着联系，又有根本性的不同：战略规划是在行动之前部署力量，而战略实施则是在行动中管理和运用力量；战略规划重视目标的有效性，而战略实施则关注效率；战略规划是一个思维过程，而战略实施是行动过程；战略规划需要协调的是少数人，而战略实施则需要更广泛的行动者之间的协调。战略评估是监控战略实施，并对战略实施的绩效进行系统性评估的过程。战略评估的结果，可以作为调整、修正甚至终止战略的合理依据。

美国教育管理学家乔治·凯勒在《大学战略与规划——美国高等教育管理革命》一书中指出："近20年来，美国最有成效的两所大学是斯坦福大学和卡内基·梅隆大学。"这两所大学之所以能从数量众多的美国高校中脱颖而出、后来居上，关键就是把战略规划与管理运用到学校的发展中。

斯坦福大学成立于1887年，是美国顶尖的研究型大学。但直至第二次世界大战之前，斯坦福大学表现平平，而且多次遭遇财政危机。斯坦福大学能够成为太平洋东岸一所顶尖的综合性大学，电子工程系主任特曼起了决定性作用。在特曼的建议下，斯坦福大学于1944年制定了20年发展规划，以便从一所地方性大学升格为全国著名学府。该发展规划的要点如下：（1）确定了基础研究在斯坦福大学发展战略中的首要地位，制定了学术与科研的长期规划。（2）实施"学术顶尖战略"，把有条件的学科办成顶尖水平，并以此为中心向其他相关学科辐射，形成自身特色与优势，迅速提升斯坦福大学在全美研究型大学体系中的地位。（3）加强与工业界的合作，努力使斯坦福大学成为工业研究和开发的中心。1951年，斯坦福大学采纳特曼的建议，划出大片校园，成立了世界上第一个科技园——斯坦福大学科技园，并逐渐形成了著名的"硅谷"。（4）为了增加教师与工业界进行联系的兴趣，斯坦福大学制定了一套报酬制度，并且优先让可能对大学学术发展做出贡献的企业进入科技园区。正是在学校发展战略的指导下，斯坦福大学抓住与政府全面合作的机遇，积极与工业界合作，坚持"学术顶尖标准"，不仅跻身于世界一流大学的行列，而且为加州及美国带来了巨大财富。

卡内基·梅隆大学建于1900年。从20世纪60年代开始，该校通过实施战略规划，审时度势，锐意进取，从一所地区性大学跻身于美国一流大学的行列。战略管理大师萨特曾任卡内基·梅隆大学的校长，他有一句名言："战略规划的目的就是要使学校处于一个与众不同的位置。"他在任职期间通过战略规划明确比较优势，抓住计算机科学与技术发展的重大历史机遇，确定卡内基·梅隆大学有可能占据领先优势的学科领域，在计算机、机器人、软件工程、管理信息技术等领域取得了空前进展，并且以优势学科为基础进行学科交叉、渗透。由于卡内基·梅隆大学的资源有限，所以，其战略规划总是在不断探寻新的战略机遇，在确定优先发展的领域中集中资源，在较短时间内确定并巩固自己的领先地位。除了一些基本的院系外，卡内基·梅隆大学各种院系、研究机构的设立，优先考虑的就是能否在这个领域成为一流并保持一流。因而，卡内基·梅隆大学的院系设置并不全面，例如没有法学院、医学院，但其目前存在的各个院系都在各自领域保持了领先地位。

在战略规划过程中，卡内基·梅隆大学成立了学校的战略规划委员会，同时要求学校的每个机构都对自己所承担的任务负责，进行规划，而且要求每个教师都参与规划。该校的战略规划一般有六个组成部分：（1）前景展望。即了解现状，明确应向何处发展。校长要努力使全体教师达成共识。（2）确定目标。目标既要有包容性，又必须突出重点。（3）选择行动。（4）确定对成功的衡量标准。（5）实施与沟通。战略规划主要是通过院长或系主任来实施的，而校长的工作就是与教师、院长、理事会等进行沟通，反复宣传战略目标和规划。（6）外部机构的作用。一些外部机构可以帮助大学更好地审视自己的战略规划，卡内基·梅隆大学的每个院系都设有咨询理事会。

二、高等学校实施战略管理的特点

美国斯坦福大学的一位博士生，对20世纪初成立的美国的大公司和大学的生存率做了比较研究。她发现，经过百年沧桑，到了20

世纪末，大公司已所剩无几，大学却成功地度过了它们的百年历史，并且有了长足的发展。为什么会出现这种情况呢？主要是大学的组织与企业有根本性的不同。组织的特点决定了高校战略管理与企业战略管理的不同。

第一，大学是二元权力结构的组织。除行政权力外，大学还存在着学术权力。学术权力的存在，改变了大学组织中的科层等级关系。社会学家帕森斯认为，在具有技术专长的人群中不存在那种严格的地位和权威等级关系，而是一种地位大致平等的同僚关系。米切尔认为，大学组织中代替等级权威的是一种学术团体。在这种团体中，权力由教师、管理人员、学生和校友共享，所以，大学的组织基础是权力共同体而不是权力等级制。在这种权力共同体中，是价值观念、学术规范而不是权力等级在起主导作用。实施战略管理，关键在于取得教师的认同，让他们认识到战略的价值所在。为此，要加强与他们的沟通，特别是发挥学术权威的作用，以此强化对战略目标的认同感。

第二，大学是高度异质化的组织。社会学家布劳在研究社会结构时，用不平等程度表示社会垂直分化的程度，用异质性程度表示社会水平分化的程度。大学组织的垂直分化程度低，而且权力关系模糊，因此，不平等程度较低，水平分化程度却较高。大学除了核心的教学和科研系统外，还有一个庞大的管理系统及纷杂的辅助支撑——后勤保障系统。当代大学组织中的这些不同系统是相互依存的，但不同系统在大学组织内的角色和地位很不一样，它们的工作模式和价值观也有很大的不同。因而可以说，大学组织是个异质化程度很高的组织，大学组织内部这些不同系统的巨大差异及其矛盾是大学组织的一个重要特征。大学要成为有效的竞争者，成功实施自己的战略规划，不但要发挥垂直体系的功用，还要发挥水平体系的功用；不但要发挥上层的主动性，还要发挥基层组织的主动性。

第三，大学是高度趋同化的组织。组织学家迪玛奇奥和鲍威尔认为，模仿机制导致了制度的趋同性，即各个组织模仿同领域成功组织的行为和做法。为什么会出现模仿机制呢？其中一个重要条件是环境的不确定性。当环境不确定的时候，各个组织如果不知道怎样做才是最佳方案，通过模仿那些已经成功的组织的做法，可以减少不确定性。模仿的趋同机制有两种：一种是竞争性的模仿，另一种是制度性的模仿。所谓竞争性的模仿，是指一个领域的组织模仿自己的竞争对手，是在竞争的压力下产生的模仿；所谓制度性的模仿，是模仿那些已经成功的合法化的机制与做法。由于大学的战略管理是一个组织寻求成长和发展机会及规避威胁的过程，所以，它关注的是外部环境的变化对组织发展的影响。在外部环境不确定的情况下，大学制定发展战略时，如何既模仿成功者已有的经验和做法，又提出自己的特色战略，这是战略管理的一个核心命题。大学战略管理的焦点问题之一就是如何发挥自己的优势和利用外部机会，最大限度地回避趋同化现象，强调组织运用的是这种战略，而不是另一种战略。

第四，大学的组织结构具有"松散关联"的特点。在欧美大学的治理结构中，各个院系相对独立，可以自我调节以适应环境变化，从而鼓励院系探索不同的组织方式，以提高宏观上、整体上的可持续发展的能力。这种战略避免了集中压力、集中风险。其弊端是效率低下，因为在战略实施过程中，参与决策的人较多且相互独立，并为不同的机制所推动、制约。在许多情况下，各种利益相互作用，目标、技术模糊，问题与解决方案可能彼此独立。

三、高等学校实施战略管理的积极效果

第一，提供战略性发展方向。战略管理基于高校本身的能力与外部环境，对于高校未来发展的远景提供战略性的、前瞻性的思考，为高校的发展指引战略方向。

组织趋同性观点揭示了大学之间进行比较和选择同类型学校的制度根源，但战略管理更为强调的是主体性和创新性。这体现在两个方面：首先，一个学校的发展战略不是对别人模式的拙劣模仿，而是要对本校的内、外部环境进行独立分析与判断，以本校条件为基础，形成适宜于本校未来发展的战略目标。其次，学校的发展战

略不屈服于环境的压力，不是单纯防御，而是以进取的姿态，力求使学校在与环境和命运的抗争中居于主动地位。每所高校都应拥有不同的战略方向，正是这种其他大学难以替代的个性，才具有存在的价值。例如，牛津大学倡导"领袖人物"，耶鲁大学提出"服务公众"，而麻省理工学院突出"高新技术"的研制与开发等。我国许多高校都提出要创办世界一流大学或高水平大学，而这只是奋斗目标，并不是战略方向。

第二，指导资源配置的优先顺序。任何组织都是在资源稀缺状态下运转的，如何将有限资源运用于发展的关键领域是管理者必须进行的选择。通过战略管理，可以将有限资源用于战略性、关键性的发展领域。

在 2002 年的中外大学校长论坛上，哥伦比亚大学教育学院莱文教授提出了一个"替代增长"的概念。它的基本含义是，用有价值的活动取代无价值的活动。学校要学会放弃，学会合作，学会把资源用于最有潜力的方面。他列举了斯坦福大学曾先后放弃建筑学院、地理系、食品研究所，放弃师范教育，放弃建设大型图书馆，但并未影响其成为一所世界顶尖的研究型大学的实例。

对于研究型大学来说，大学的个性主要表现为拥有不同的优势学科或强势学科。例如，牛津大学的环境科学、计算机科学、医学等，东京大学的行为学、经济学、教育学等，哈佛大学的哲学、政治学、商业管理学等，斯坦福大学的心理学、电子工程学、植物学等，剑桥大学的物理学、化学、数学等，都是举世公认的一流学科。虽然所有的研究型大学都是学科齐全的综合性大学，研究型大学的学科却并不都是一流水平的。伦敦大学副校长斯图尔特·薛瑟兰曾说：全世界的大学，分守着它们各自对真理、学术和科研做出的贡献。言外之意是，即使是世界一流的研究型大学，也不可能在所有的学科中都称雄。大学的个性在于采取有重点、有特色的学科发展战略，创造出自己的学术品牌。美籍华人科学家田长霖教授也讲到，研究型大学一定要想办法扶植最优异的学科，把它变成全世界最好的。为了保证重点发展的学科，要不惜遏制其他方面的发展，甚至让每个系都去配合它。南京大学在近十几年的发展中，就是利用资源配置方式，成功地实现在较短的时间内积累并赢得学科发展优势的典型实例。20 世纪 90 年代末，南京大学之所以能够很快进入国家重点建设的大学行列中，与它连续 7 年在发表 SCI 论文方面名列国内高校第一有关，而这与该校自 80 年代中期开始形成的注重学科基础建设、优化学科资源配置、积累学科发展优势的办学思路分不开。南京大学认为，如果我们是最好的，国家就没有理由不支持。因此，他们每 5 年由学校集中有限资源办好一两个学科，直到成为国家重点实验室和国家重点学科。有了国家重点实验室和国家重点学科，就有了学科持续高水平发展的重要保证。正是由于学科水平的提高，南京大学赢得了在国内大学中的优势地位。

第三，建立有效的组织结构，使组织结构与战略相匹配，并促进组织变革。

克拉克·科尔于1972年在《大学的功用》一书的后记中，曾经把大学管理发展的历史划分为两个大的时期：（1）从1870年到1920年是大学校长的时代。这是由"巨人们"引导着戏剧性变革的时代。（2）1920年以后则是由"行政管理人员取代巨人们的时代"。随着大学规模的不断扩大，特别是"巨型大学"的出现，大学的管理事务进一步复杂化。管理事务的繁杂，客观上要求管理机构和管理人员的增加，这就为大学管理机构的科学化和行政管理人员的专业化提供了前提，也为大学转变成为"一台复杂的官僚机器"营造了环境。现在，尽管世界上不同国家因为本国政治、经济和文化传统等背景上的差异，在官僚化的程度和内容上存在差异，大学行政官僚化则是20世纪以来大学管理文化的重要趋势之一。所以，科尔说，大学"更是一架机器—— 一架由管理条例维系和由金钱赋予动力的机器"。

从组织设计的观点看，传统的高校机构是一个机械型的组织。这种组织结构的特征在于：对环境的适应性差；比较封闭；过分强调明确的、相互独立的职能和部门分工；组织权力结构是集中的，上下级之间等级森严，管理层级多；缺乏纵向的沟通和协调。高校实施战略管理可以解决上述弊端，促进组织变革。这是因为，战略管理强调外部管理，从外在环境的角度看待组织问题，强调对环境的适应与改造；战略管理强调打破部门主义的限制，克服"功能性短视"，强调整合的管理用途；战略管理强调在战略决策和规划过程中提供广泛参与的权利与机会，不仅有利于保障战略决策的正确性，而且也有利于克服实施战略管理的障碍。

制定战略规划要广泛吸收学校各方面的意见。哥伦比亚大学莱文教授指出，在大学中制定目标是一个过程，而不是简单地坐到一起，说一说这是我们要做的事情，这些是我们的目标，这样是不会奏效的。如果人们不接受业已确立的目标，他们在实际行动中就不会支持这些目标，会把精力投入到反对领导之中，而不是改进教学与研究，其副作用非常大。因此，战略规划的过程是领导和群众参与的结合，需要在领导和群众之间取得平衡。

高校实施战略管理将对高校的组织变革产生积极影响。它将为全员参与管理及决策提供理论和技术支持，从而使传统制度下教师和学生积极要求参与学校事务管理的愿望由可能转变为现实，形成广泛参与学校事务的民主管理模式。它将大大改变传统大学的科层化的行政权力配置方式，即改变自上而下、逐级授权的模式。随着战略管理的实施，所有大学组织的成员都有机会参与战略决策和实施。因而，大学中任何决策的实施都必须取得一线教师、职员、学生的积极支持和全力协作。发展战略能否成功，不是决定于上级赋予的行政权力，而是决定于来自底层的所有成员的认同和参与，它将提高高校组织成员自我教育与自我管理的能力。正如管理学家伦茨指出的，战略管理是促进学习和行动的过程，而不是一个正式的控制系统。为避免程式化行为，要对任务分配、团队成员、会议形式以及计划日程进行调整。过程不是完全可以预期的，环境也必须有所变化，以便激发创造性。总之，战略管理的实施有助于高校早日成为学习型组织。

第四，提供管理控制与评估的基础。战略管理十分重视战略执行与评估的问题，这为评估组织的绩效、实施控制提供了良好的基础。传统的战略规划的通病之一就是事前审慎评估计划，事后草草了结。这种本末倒置的做法，常常使战略执行的绩效大大降低。战略管理则十分强调战略评估，以实际的结果为工作重点，建立以结果为导向的管理体制。

战略评估是监控战略实施，并对战略实施的绩效进行系统性评估的过程，从战略管理整体来看，它着重建立一种反馈机制。由于高校的内部和外部环境因素往往会发生快速而剧烈的变化，所以，战略评估的结果可以作为调整、修正甚至终止战略的合理依据。战略评估主要涉及以下几个方面的问题：（1）检查战略基础，以了解构成现行战略的机会与威胁、优势与弱点等是否发生变化，发生了何种变化，因何发生变化。（2）衡量战略绩效。将预期目标与实际结果进行比较，研究在实现战略目标过程中取得的结果。其中，关键是建立有助于高校早日成为学习型组织的绩效评价指标体系。同时，要回答以下关键问题：战略是否与组织的内部情况相一致？战略是否与外部环境相一致？从当前利用的资源角度看，战略是否恰当？战略涉及的风险程度是否可以接受？战略实施的时间表是否恰当？战略是否可行？等等。（3）修正与调整战略。在战略检查与绩效衡量的基础上，做出是否持续战略、调整战略、重组战略或终止战略的决定。

高校战略管理的基本环节如下图所示：

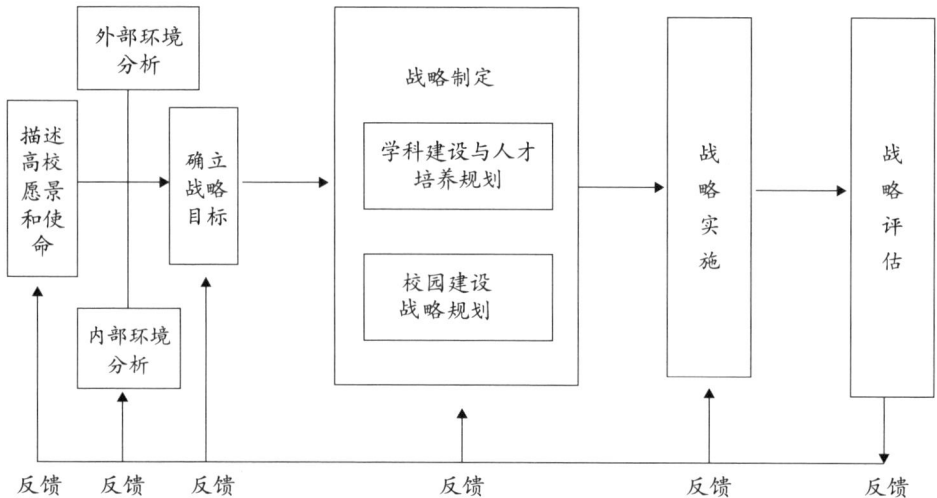

高校战略管理的模型

四、高等学校实施战略管理的问题及限制

高校组织与企业组织有着许多不同之处，这必然导致战略管理在高等学校的应用存在诸多限制和困难。

其一，高校作为非营利组织，是一个典型的利益相关者组织。高校的决策必须在诸多利益主体之间寻求平衡，不能仅强调某一方面的利益。高校的管理者与企业的管理者相比，缺乏完全的自主性与控制力。高校的管理者在制定发展战略与决策时，必须与其他重要的利益相关者分享权利，这使得高校在实施战略管理时比企业更为困难和复杂。这是因为，利益相关者理论所确定的"平衡利益相关者的利益"的目标，只是提出了一个美好的目标，并没有告诉人们如何去实现。高校中各利益相关者的利益是相互竞争的，甚至实现一方利益必然以牺牲另一方利益为代价，要求管理层实现多个目标并同时完成最优化的求解任务是不现实的，事实上，要同时实现多个目标的最大化也是不可能的。

其二，高等学校存在着二元权力结构，即行政权力与学术权力。尽管高校各学科之间存在着差异，学科文化又各不相同，但是，受知识、学科、专业内在逻辑的制约，学术权力在衡量与处理问题时，崇尚知识、发展学术、追求学术标准则是共同的。行政权力源于大学的科层组织，因此，行政权力在衡量和处理问题时，常常依据大学的总体目标和从大学整体利益出发，协调大学的内部事务及大学

与外部的沟通。行政权力与学术权力的特点和运行机制的不同，必然会影响到高校战略管理的实施。在战略管理中如何站在更高层次观察问题，使短期利益让位于长期利益，协调学术权力与行政权力之间的关系，共同致力于战略的完成，是一大难题。

其三，战略评估的困难性。战略评估的前提就是必须将所有绩效都以量化的方式呈现，再据此进行绩效衡量。由于教育的特点，制定量化的衡量标准是最为困难的，有些甚至是不可能确定的。同时，即使绩效可以量化，也面临着以量化形式表现绩效是否适宜的问题。

其四，我国的大学校长任期较短，在 4 年的任期内很难实施长期战略。斯坦福大学荣誉校长卡斯帕尔指出了大学校长任期的重要性。他认为大学校长 8 年至 12 年的任期是比较合适的。大学校长的角色定位应是教育战略家，其特征是具有个性化的办学思想与思路，有较强的成就欲望，追求开拓和创新，既能娴熟地把握学校这个基层教育组织的全部复杂工作，又能较为超脱地运筹帷幄，善于在复杂多变的情况下为学校发展确定战略方向、开辟道路。我国的大学校长只强调是专家学者，但没有定位于教育管理专家。2000 年，哈佛大学主持了一次中国的 10 位大学校长和美国的 10 位大学校长的对话活动。中国的 10 位大学校长都是理工科出身，而参加会谈的美国的 10 位校长除了加州理工学院的院长以外，都是研究人文学科和社会科学的学者。又据美国教育理事会于 1995 年对美国 3021 位大学校长的调查，在这些大学校长中，所学专业为人文社会科学（包括教育、人文艺术、神学、社会科学、法律等）的占 81.6%，其中学教育的占 42.4%；所学专业为自然科学（包括农业、生物、工程、卫生、医学等）的仅占 12.8%；另有 5.6% 为其他专业。这表明，社会科学尤其是教育专业出身的校长占据了美国大学校长的主流，大学校长在现代西方国家已日益成为一种职业或一门专业。我国大学校长在任期、定位等方面的问题，也会在一定程度上影响高校战略的制定与实施。

参考文献

[1]Barbara Sporn. *Adaptive University Structures:An Analysis of Adaptation to Socio-economic Environments of US and European Universities* [M]. London, Philadelphia:J.Kingsley Publishers, 1999.

[2]G.Keller. *Academic Strategy: the Management Revoluton in American Higher Education* [M]. Baltimore, MD: Johns Hopkins University Press,1983.

[3]Daniel James Rowley, Herman D.Lujan,Michael G. Dolence; foreword by George Keller. *Strategic Change in Colleges and Universities: Planning to Survive and Prosper* [M].San Francisco, Calif: Jossey-Bass,1997.

[4]David Middlewood and Jacky Lumby. *Strategic Management*

in Schools and Colleges[M].London: Paul Chapman Pub, 1998.

[5]周三多等:《战略管理思想史》,复旦大学出版社2003年版。

[6]史密斯—巴克林协会:《非营利管理》,中信出版社2004年版。

[7]张成福:《公共管理学》,中国人民大学出版社2001年版。

比较优势、竞争优势与
中国研究型大学跨越式发展研究 *

李立国　　刘向兵

随着高等教育体制改革的深入，大学改革与发展的条件也发生了变化，发展具有国际竞争力的研究型大学已经有了一定的基础和条件。现在重要的已不是要不要发展研究型大学，而是解决培育和发展什么样的研究型大学、通过何种途径来培育和发展研究型大学的问题。

一、比较优势、竞争优势、跨越式发展的概念辨析

比较优势原本是贸易经济学所使用的概念，是指在经济交往中利用自己的要素禀赋优势寻求最佳发展方向和获取最大利益。在大学发展战略中，比较优势理论主要是如何用比较优势的思维和方法不断寻求组织或机构最适宜的发展方向与发展途径。

20世纪80年代的西方企业战略理论，尤其以波特的理论为代表，

---

* 原文发表于《清华大学教育研究》2005 年第 1 期。

强调追求竞争优势。竞争优势是指当一个组织实施一种同类组织无法复制，或难以模仿的价值创造战略时形成的优势。竞争优势的依托是组织的资源、能力与核心竞争力。

在大学发展战略中，比较优势与竞争优势所处的地位和作用是不同的。比较优势主要是利用不同的要素禀赋或资源优势，确立自己在竞争中的优势与不足，进而确定发展模式。竞争优势则强调通过建立核心竞争力以保持自己的优势，突出的是通过动态的、一定时间内不能被竞争对手所模仿与替代的核心竞争力，而不是静止的要素禀赋优势来实现自己的发展战略。

跨越式发展本来是一种国家经济发展模式，指在一定历史条件下，落后者对先进者走过的某个历史发展阶段的超常规快速发展。大学的跨越式发展是指大学抓住有利时机，在一定的时间内以较快速度发展，使办学水平和学校地位迅速提升，实现对先进大学的超越。从世界高等教育发展史看，跨越式发展是世界著名大学形成中的重要阶段。这种跨越不仅是学校规模的扩大、经费投入上的增长，更是办学思想、理念和体制上的突破；是抓住机遇、跨越常规的发展；是在积极吸收前人、他人经验教训的基础上，赶超型的发展；是突破原有模式，创新性的发展①。

———————————

① 《一流大学建设的理论与实践学术研讨会综述》，《清华大学教育研究》2003年第 4 期。

跨越式发展是一个相比较而言的概念，通常指相对于同类事物而言缩短了发展的时间，越过了某些发展阶段，或者对处于较高发展水平的同类事物的超越。跨越式发展不同于跃进式发展。跨越式发展虽然体现出一种超常规的发展进程和速度，但其发展是有合理逻辑的，有着内在的连续性，是一种线性的发展而非点式的发展，因而，其发展的基础是稳定的；跃进式发展则是一种冒进，是不连续的，是不顾客观实际的主观主义的结果，往往以牺牲其他方面的发展、牺牲未来的发展或者以高投入作为代价。

二、中国研究型大学的跨越式发展，要充分利用要素禀赋的比较优势，但更为重要的是必须重视竞争优势的培育与发展

20 世纪 90 年代以来，我国高等教育体制改革的深入、高校办学自主权的落实、国家科教兴国战略的提出，特别是"211 工程"的启动和"985 工程"的实施，都为我国研究型大学的发展与建设奠定了良好的政策基础和办学环境。世纪之交的近 10 年里，我国名牌大学创建研究型大学取得了很多令世人瞩目的成就。但是，这些成就主要是利用自身要素禀赋的比较优势获得的，与发达国家的研究型大学相比，我国的名牌大学并没有形成自己的竞争优势。

刘念才等人在《我国名牌大学离世界一流大学有多远》一文中，对我国的名牌大学与美国的研究型大学进行了比较评价。评价所选

取的指标是学术声誉（包括诺贝尔奖获奖情况、《自然》（*Nature*）和《科学》（*Science*）杂志所发表的论文总数、《科学引文索引》（SCI）收录的论文总数等）、教师质量（包括诺贝尔奖获奖情况、博士学位教师比例、师均博士后数量等）、科研经费、学生培养（研究生与本科生的比例、本科生与教师的比例、研究生中留学生的比例等），在这四个方面进行了比较。结果表明，我国名牌大学与美国知名公立研究型大学的差距较小，其中SCI论文、师均博士后数量、研究生与本科生获奖情况、比例等已超过美国公立研究型大学，科研经费、博士学位教师比例等正快速上升；与美国研究型大学的差距，突出表现在诺贝尔奖获奖情况、《自然》和《科学》论文、研究生中留学生获奖情况、比例等方面[①]。

我国名牌大学与美国研究型大学相比，存在着明显的比较优势：研究生生均培养成本低，在研究生教育中存在着规模效益现象，学校研究生招生规模的扩大导致生均成本下降；教师成本低，教师的工资及其他待遇都明显低于美国同类大学；我国发展研究型大学是政府行为，政府对个别大学实行了空前的资金投入。因此，我国名牌大学利用比较优势，大力发展研究生规模，在几年内使研究生与本科生的比例急剧提升，特别是发展博士生教育与博士后培养，使

---

① 刘念才等：《我国名牌大学离世界一流有多远》，《高等教育研究》2002年第2期。

教师中拥有博士学位的教师数量和师均博士后人数都有明显上升。利用政府的扶植政策，在短短几年内实现了科研经费的快速增长。在过去的10多年间，我国少数名牌大学的跨越式发展主要是利用比较优势实现的。而在核心的竞争优势方面，却没有较大的突破。例如，在《自然》《科学》发表学术论文方面，从1997年到2003年5月，国家重点建设的9所"985工程"大学中有7所大学共发表论文49篇，其中第一作者身份的仅为16篇，而美国哈佛大学仅在2001年就以第一作者身份在《自然》《科学》发表论文65篇。由此可见，我们与美国一流研究型大学差距甚远[1]。正如有的研究者指出的，我国的大学虽然培养出大量的博士生和硕士生，也成就了庞大的大学教授队伍，但没有出现一个诺贝尔奖获得者。如果说诺贝尔奖在颁奖领域和获奖人数上有极强的限制的话，那么，我国的大学也没有出现几个被世界科学界公认的"科学领袖"人物；出自大学的科学研究成果数以万计，许多在评审中还达到"世界一流"或称为"有突出的创造"，但在世界上被称作"中国制造"的科研成果则凤毛麟角；大学也做到了"在科学研究的过程中培养研究生"，但大多是实施于一般性的研究项目中，在并不先进的设施和并不充足的信息条件下，让研究生承担部分课题工作。若课题的定位本身就不高，何以

---

① 刘艳阳等：《从Nature，Science论文数看我国高校科研走势》，《中国高等教育》第15、16期。

谈得上培养高质量的研究生[①]？

总之，我国名牌大学在发展研究型大学的进程中，依据的不是大学的竞争优势，而是强调对要素禀赋比较优势的评判，是资源的相对拥有量，甚至资源的绝对数量或者某种资源的有无。实际上，比较优势仅仅以外生的静态资源禀赋作为依据，并没有抓住现代研究型大学走向成功的决定性因素，这样，拥有比较优势的方面可能因为缺乏竞争优势而并不能成为实际的竞争能力。如果仅仅以外生的静态资源禀赋比较优势作为我国研究型大学发展的理论依据，则永远难以摆脱在发达国家之后亦步亦趋的格局，与发达国家大学的差距甚至会越拉越大，因为不同层次的比较优势，往往对应于不同的教育发展水平。可见，我国研究型大学实现跨越式发展的关键是形成自己的竞争优势，但这并不等于说，不要利用资源禀赋的比较优势，而是如何利用比较优势，使之更好地服从和服务于增强大学的竞争优势。

大学的竞争优势在各个高校都具有自己的特色，这是其他大学在短时间内所无法模仿的，也是大学在竞争中立于不败之地的关键所在。一所大学应确定什么样的竞争优势，这是大学在发展中形成的。不同的大学具有不同的竞争优势，但不同的竞争优势都有共同的特

---

① 沈红：《研究型大学的基本要素及其体制和组织满足》，《教育研究》2003年第1期。

性，具体体现在价值性、异质性、延展性、资源集中性及动态性等方面。价值性是指大学在培养人才、创造科研成果及提供服务方面具有独特的价值和利益,是其他竞争对手所难以替代或难以模仿的。异质性是特定大学的特定组织结构、特定大学文化、特定教职工群体综合作用的产物，是大学在长期办学实践中逐步形成的，形成鲜明的办学风格,是个性化的体现。其中有些方面是难以用语言、文字、符号表现的内容,更造成了优势的不可模仿性或在短期内很难超越。如耶鲁大学注重人文教育和培养卓越领导能力的风格、斯坦福大学注重与工业界的合作、加州理工学院注重精英教育，都属于这一方面。延展性是指竞争优势有溢出效应,可使大学在原有领域保持持续的竞争优势,并以此为契机带动相关学科专业的发展。一所大学应有几个优势学科专业，发挥品牌效应，带动其他学科专业共同发展。资源集中性是指大学只有将资源集中于少数关键领域,才有可能建立起在这些领域的竞争优势,并最终保持持续的竞争力。所以，在研究型大学的跨越式发展过程中，切忌贪大求全，而应该集中力量，在优势学科领域实现突破，并以此为基础,逐步形成优势学科群。这样经过若干年，一定能在优势学科领域、在世界高水平大学中占有一席之地。动态性是指大学的竞争优势总与一定时期的经济社会发展、大学管理模式及大学资源等变量高度相关，随着彼此相关的变化，竞争优势的动态发展演变是客观的、必须的。没有任何竞争优势是可以永远持续存在的，一所大学的持久竞争优势来源于它不断发展新的竞争优势。

三、国外研究型大学跨越式发展的经验

从世界高等教育发展的历史看，无论是一个国家或是一所大学要实现跨越式发展，都必须以竞争优势为基础。1810 年，德国新成立的柏林大学提出了"教学与科学相统一""大学自治与学术自由"的原则，突破了传统大学单纯教学的模式，从而确立了大学发展科学研究的职能。在柏林大学创办之前，大学的功能仅仅局限于传授知识。柏林大学提出大学是科研中心，无疑是对传统观念的挑战，其制度上的创新带来了整个高等教育的新生，实现了由传统大学向现代大学制度的迈进。从 19 世纪中叶至 20 世纪 30 年代，德国不仅成为世界高等教育的中心，而且成为世界科学研究的中心。美国大学的发展也是一样。从 1636 年创立哈佛大学一直到 1860 年之前，美国的高等教育可以说发展缓慢，200 多所大学都是按照英国大学的模式建立的。1860 年之后，美国的高等教育真正实现了跨越式发展，1876 年成立约翰·霍普金斯大学具有划时代的意义。当时的美国大学不仅学习了德国人洪堡的办学理念，把教学与科研相结合，而且把这种办学思想制度化地体现于大学研究生院的制度建设之中，实现了从思想到制度的跨越。同时，美国大学还发展了为社会服务

的第三种职能。这种制度和思想的跨越给美国研究型大学的长远发展奠定了基础，实现了从 1860 年到 1900 年的第一次大跨越。第二次世界大战期间及战后，美国研究型大学实现了第二次跨越式发展。这次跨越是与美国政府密不可分的。第二次世界大战后，美国政府把大学视为国家战略利益所在。战前，联邦政府既不参与大学研究，也不给大学研究投入较多经费，更没有一个具有宏观管理意义的研究协调组织。战后，美国政府积极向研究型大学投入研发经费，将重大项目和重点实验室设在研究型大学内，形成了联邦政府与研究型大学间关系的发展，促进了研究型大学的第二次跨越式发展[①]。

跨越式发展也是每所研究型大学发展史上的重要阶段。斯坦福大学成立于 1887 年，长期默默无闻。第二次世界大战之后，被誉为"硅谷之父"的特曼教授提出，应该整合学术计划、研究基金以及产业开发三种力量。他建议把校园庞大的土地以低廉的价格租给企业家创办高新技术企业，而以斯坦福大学的高新技术入股参与企业的发展。1951 年，斯坦福大学采纳特曼的建议，划出大片校园，创建科技园后，加紧与工业界的密切合作，并逐步形成了著名的"硅谷"。从此，斯坦福大学也得以迅速发展，成为全美一流的研究型大学。卡内基·梅隆大学成立于 1900 年。1972 年到 1990 年间，战

[①] 闵维方：《对一流大学建设的思考》，《北京大学教育经济研究所简报》2003年第 17 期。

略管理大师萨特出任校长。由于卡内基·梅隆大学的资源有限，他总是不断寻求新的发展机遇，审视现有资源的配置，在其确定优先发展的领域集中资源。20世纪70年代，卡内基·梅隆大学抓住计算机技术与科学发展的历史机遇，在计算机、机器人、软件工程、管理信息技术等领域取得了空前进展，在较短的时间内确立并巩固了自己的领先地位，从一所地区性的大学发展成为享誉全球的、卓越的研究型大学。英国的沃克大学建于1965年，是英国政府为适应高等教育发展而建立起的"七姊妹大学"之一。短短30多年，沃克大学不仅大大超过同期成立的"七姊妹大学"中的其他6所大学，而且直逼牛津、剑桥以及英国的其他几所著名大学。沃克大学之所以成功，就在于其成立伊始就把目标定位于高水平的研究型大学上，提出了"教学和学习要以研究为导向"的办学理念，确立了以研究为导向、以学科为中心的学术制度，在各系建立研究所、研究中心，在英国率先建立研究生院，大力发展研究生教育。在管理和运行中，沃克大学把企业的管理理念与大学组织的学术管理特点有机结合起来，形成了稳定的、符合大学特点的管理创新机制。这些大学，无论是成立之后经历一个相对默默无闻的时期，还是在创建不久的短时间内得以迅速发展，它们的跨越式发展都离不开竞争优势的核心作用和比较优势的发挥。

四、培育与发展我国研究型大学竞争优势的建议

总结世界高等教育的发展经验，并结合我国的具体情况，我们认为，以下几点是比较重要的：

第一，国家竞争力与核心竞争力战略。我国研究型大学的跨越式发展，主要是为了赶超世界一流的研究型大学，是进行国际比较。增强大学竞争优势、推进跨越式发展，可以从两个层面来展开。一是发展具有国际竞争力的研究型大学，主要是着眼于国际高等教育竞争中，其作为竞争主体与世界一流大学比较的优势；二是增强学校的核心竞争力，主要着眼于大学自身能力的成长和竞争力的提高。因此，强调发展具有国际竞争力的大学与增强大学的核心竞争力，二者的目标是一致的。真正具有国际竞争力的大学必须首先具有核心竞争力，或者以核心竞争力为条件。同样，大学的核心竞争力同时也是其国际竞争力的体现，因为二者的分析前提都是以世界一流研究型大学为参照，进行比较分析而得出的。当然，两者的侧重点也有所不同。增强学校核心竞争力的重点是大学内部资源的有效整合，从而培育独特的、具有持续竞争优势的能力；发展具有国际竞争力的大学的重点，是构建具有国际竞争实力的竞争主体。

第二，路径选择。在研究型大学的跨越式发展中，我们面临双重路径选择：一是由大到强，二是由强做大。过去，我们较多关注

了"大"的问题，追求规模的增长，并出现了"巨型大学"，竞争力却没有随着规模的扩张而增强，而且在组织结构上也存在一些问题。现实的选择应该是由强做大，促进各种资源要素向名牌大学集中，推动资源的从优配置，在"强"的基础上实现"大"的目标。这是真正的低成本扩张，并且随着大学规模的增长，其竞争力也会得到增强。为此，必须努力提高大学的综合竞争力，使学校的竞争优势建立在强大的创新能力而非静态资源优势的基础上；必须以更加开放的眼光，实施开放战略，立足于全球配置资源，学习先进经验，借外力促发展；必须注重内生性创新能力的培养，因为我国研究型大学发展的时代背景、文化特性、管理模式、办学理念与美国研究型大学形成时期是显著不同的，我们不可能照搬其经验和模式，而必须进行制度创新，发展具有中国特色的研究型大学。

第三，政府的作用。我国研究型大学的发展与建设，是围绕着国家科教兴国战略需要和高等教育的整体目标而提出的。这也决定了研究型大学的主体只能由公立大学承担，只能是政府行为。因而，在中国研究型大学的形成和发展过程中，政府持续不断的政策和经费支持是至关重要的。

政府应建立健全适应现代大学教育的法律法规，规范政府与大学的关系，完善大学的办学自主权，建立现代大学制度，改革政府管理体制，提高教育行政管理效率与教育管理水平，节约制度成本，提高交易效率，而不是刻意追求比较优势战略。

更为重要的是，政府的作用在于创造大学的成长环境。从严格意义上讲，大学的竞争优势只能在市场中增强，具有国际竞争力的研究型大学不是培育出来的，而是在竞争中发展起来的。因此，竞争是至关重要的。诺贝尔经济学奖得主贝克尔在比较欧美高等教育的发展时说："无论是推动教育发展，还是促进啤酒生产，我都相信竞争的巨大作用。在高等教育领域，美国世界领先，而这个领域是美国竞争进行得最激烈的领域。竞争是极为重要的，不幸的是，在欧洲很少有引起竞争的私立大学。"[1]美国高等教育专家曾对美德大学教育的历史进行比较分析，得出的结论是：美国大学的崛起是因为有充分的竞争，而德国大学的衰落则是因为缺乏有效的竞争[2]。在我国资源有限的情况下，集中优势，有所为，有所不为，但政府的这种政策选择并不意味着只选择一两所或少数几所大学的发展。因为那样的话，很难在竞争的环境中形成学校的竞争优势与办学特色，学校占有资源的能力更多地取决于获取政策资源的能力而非学校自身的竞争优势，这种竞争是不公平的竞争，甚至会导致恶性的掠夺，无助于中国发展研究型大学。再者，如果国家只创办少数几

---

① 李济英：《国外的民办教育》，《中国教育报》1999 年 8 月 8 日。
② 迈耶：《德国大学与美国大学绩效差异的制度分析》，《北京大学教育经济研究所简报》2003 年第 29 期。

所一流研究型大学，那么，决策风险与发展代价将是非常巨大的。而如果扶植一批研究型大学的发展，则有助于化解决策风险，减少盲目性，降低发展代价。同样，扶植一两所大学孤立发展也不符合高等教育的发展规律。建设一流研究型大学，绝不是一两所大学孤军奋战所能完成的任务。没有整个高等教育的大发展，没有所有大学质量水平的提高，没有一批大学向高水平大学的前进，没有大学之间的支持和协作及社会各界的广泛参与，建设一流大学的目标是难以实现的[1]。

纵观世界高等教育的发展，德国、美国大学的崛起是伴随其经济腾飞、社会全面进步和国家强盛而实现的。未来 20 年是我国经济社会发展的战略机遇期，也是我国研究型大学实现跨越式发展的战略机遇期。只要切实抓住历史机遇，充分发挥比较优势，真正形成竞争优势，我国就可以通过跨越式发展建立起一流的研究型大学。

---

[1] 国家教育发展研究中心编：《2002 年中国教育绿皮书——中国教育政策年度分析报告》，教育科学出版社 2002 年版。

有效沟通：
高等学校战略实施的重要保证 *

刘向兵　　付春梅

我国从 20 世纪 90 年代开始，陆续有学者研究高校战略管理问题。作为一种新的管理模式战略管理包括战略制定、战略实施和战略评估三个阶段。它强调在战略制定和战略实施过程中提供广泛参与的权利与机会，以保证战略决策的正确性，保障战略成功地实施。这就决定了沟通在战略管理中具有突出的重要作用，在高等学校中尤其如此。

一、有效沟通是高等学校战略实施的重要保证

（一）高等学校自身的特点，决定了沟通在高等学校战略实施中的重要性

高等学校是二元权力结构的组织。高等学校既存在行政权力，

---

* 原文发表于《中国高教研究》2005 年第 2 期。

又存在学术权力。学术权力的存在，使高等学校不能成为完全意义上的科层组织。在高校中，权力由管理人员、教师、学生以及校友等分享。在这样一个"权力共同体"中，是价值观念而不是权力等级在起主导作用。所以，作为从根本上与行政权力相关联的战略管理，其实施的关键在于取得教师、学生及其他利益相关者的认同。这就需要通过有效的沟通，增强他们对战略价值的认识，以达到单纯依靠行政权力所不能达到的效果。

高等学校是松散结合系统。在高等学校，学科是最重要的组织基础。学科的高度专业化使高等学校学院之间、系所之间的联系趋于松散，甚至导致同一院系内部不同专业之间的疏离倾向趋于突出。这在客观上成为不利于高校建立高度统一和严格秩序的突出因素。同时，作为高校核心组成人员的教师和学生具有高度的自主性、独立性，在一种自然状态下，他们容易游离于管理者期望建立的共同价值之外。也就是说，行政权力可能在一定程度上"失灵"。在这种情况下，必须通过沟通架起高校各部分组成人员之间联系的桥梁，通过沟通统一思想、凝聚力量。

（二）沟通在高等学校战略实施中发挥着重要作用

传递信息，增进了解，消除误解。沟通最基本的一项功能就是传递信息。在战略实施阶段，通过有意识、有目的的沟通，战略管理者可以向相关部门、组织和人员最大限度地传递与战略相关的有价值的、准确的信息。这样做，有助于战略管理参与者和相关者全面了解战略的内涵，明确自己在战略实施中扮演的角色，开发并整合支持学校战略实施的内部和外部资源，也有助于消除部分人员因对战略缺乏正面了解、道听途说而形成的对战略的误解，有助于为战略实施铺平道路。同时，战略相关部门和个人的意见也可以通过沟通得到有效的传递。

统一思想，凝聚力量，激励行动。对高校而言，战略能否成功、战略目标能否实现，需要战略所涉及的所有人员的积极参与和配合。要做到这一点，不是简单地告诉战略相关者学校要做什么就可以实现。在战略管理中，沟通一方面起着传递信息的作用，另一方面发挥着交流情感的功能。有效的沟通不仅有助于战略相关者对战略的全面了解和深刻理解，还有助于在战略参与者中形成融洽的情感氛围，有助于他们设身处地地认识战略的价值，改变对战略的态度和行为，从而达到统一思想、凝聚力量的目的，并激励他们自觉投身到战略实施的实践中，成为战略实施过程中的积极因素。

权力制衡，群策群力，避免失误。高校中既存在行政权力，又存在学术权力。在高校战略管理中，沟通体现了对不同权力主体、不同利益群体的尊重，是在高校特殊的组织氛围中实行民主管理的一种表现。在我国高校目前学术权力的声音还不够强的情况下，实施有效沟通，可以有效地平衡这两种权力。在战略实施中，通过有效沟通，聆听来自各个方面的声音，有助于战略管理者了解战略实施的真实情况，获得有利于战略实施的宝贵建议；及时调整战略实施的步骤、举措，避免可能出现的重大战略失误，推动战略成功展开。

二、在高校战略实施中实现有效沟通的措施

（一）正确认识影响沟通效果的主要因素

沟通参与者之间的信任程度直接影响沟通效果。信任是有效沟通的基础。如果沟通参与者之间缺乏信任或信任程度不高，就会降低他们对于对方传达信息的注意和重视程度，对接收到的信息也往往会半信半疑。

沟通渠道不畅或环节过多，引起信息中断或损耗。在高校管理中，沟通不可能总是以面对面这种单一方式进行。实际工作中，大量的信息是通过"层层接力"的方式自上而下或自下而上逐层传递的。这种方式对规模较小的学校而言，问题不大，但对一些规模较大、组织机构设置相对复杂的大学则未必适用。有研究表明，当信息连续通过 5 个人时，多达 80% 的信息会逐步丢失。可见，信息传播渠道的设置是否合理，会在很大程度上影响沟通效果。

沟通方式不当，影响沟通效果。根据信息性质、重要性、可传播范围、对时效性的要求等的不同，以及所面对的沟通对象的差别，

客观上要求我们采用不同的沟通方式。如果沟通方式不当，就不能达到预想的效果。比如，在战略实施中计划出台一项新的政策，一般需要事前与政策涉及的各方进行沟通。在这种情况下，如果管理者只是采用向沟通对象发放政策文本等方式，希望得到对方的反馈，很可能会变成单向沟通，即"有去无回"。因此，对于情况较复杂、重要性较高，但把握又不是很大的事项，最好采用面对面双向沟通的方式。这样既表现了管理者主动沟通的诚意，又可以最大限度地发挥沟通的积极作用，达到理想的沟通效果。

其他可能影响沟通效果的因素。有效的沟通是多方面因素共同发挥积极作用的结果。除了上述影响沟通效果的因素外，发讯者传达信息的能力，主要是口头或书面表达能力，也会影响信息传递的有效性。

（二）明确沟通目的，精心组织沟通，确保沟通效果

明确沟通目的，积极创造战略实施的最佳氛围。在战略实施的准备阶段和初期，沟通主要应达到以下目的：第一，使战略相关者真正了解战略，实现信息对称。这是战略实施准备阶段必须做的一项工作，也就是充分宣传和解释战略计划。一方面要公开战略计划的文本，使战略相关者了解战略目标、战略步骤、各阶段的战略任务等；另一方面，要对文本内容进行充分的解释，包括各阶段战略任务与战略目标之间的关系等，确保战略相关者了解战略的真正含义，正确、全面地理解战略，在与战略制定者"信息对称"的情况下对战略做出自己的判断。第二，统一思想，凝聚人心，提高认同感、参与感。让战略相关者了解战略，并不是沟通的最终目的。为了保证战略实施，沟通还要达到统一思想、凝聚人心的目的。有时，人们虽然对即将实施的战略没有明显的反对意见，但也缺乏积极的回应和支持。这时，重要的就是要让战略相关者看到自己的利益是被包含在战略之中的。认识到这一点，战略相关者对战略的态度就会发生很大的转变，就会把战略实施真正看作是与自己息息相关的一项事业，就会增强对战略实施的认同感、参与感。第三，树立共同愿景，提高信心，增强动力。当有效的沟通使战略相关者充分认识到自己是战略整体中的一部分，战略成败与否和自己能否获得预期的利益休戚相关，他们就会积极参与到战略实施中来，并同战略主体逐渐形成共同的价值观，与战略主体拥有共同的愿景。这时，战略管理者还要通过积极的沟通，让战略相关者认识到，战略计划中每一具体目标的实现都关乎战略预期的总体目标。要随时关注战略相关者在战略实施过程中的反应，尽量减少战略相关者对其个人利益风险的忧虑，使他们不仅对战略实施充满期待，也对战略成功充满信心，以增强他们参与战略实施的动力。当然，所有这一切不能只是通过口头许诺来完成，战略管理者最好能在战略实施后，尽快让战略相关者看到某些短期目标的实现带来的实际效果。同时，也必须让战略相关者充分意识到战略实施的复杂性和艰巨性，对战略实施中可能遇到的困难有足够的思想准备。在战略进入平稳运行状态后，沟通的主要目的是继续保持战略管理者和相关者对战略取胜的信心，及时清除战略实施道路上的障碍，积极创造有利于战略实施的环境，与战略相关者保持经常性的联系，互通信息、交流情感，及时获得对战略实施的反馈意见，根据需要适时调整战略步骤、具体措施等，确保战略成功展开。

建立沟通网络，优化沟通渠道，选择适宜方式，适时进行沟通。第一，建立沟通网络。要真正发挥沟通在高校战略实施中的积极作用，只是从思想上予以重视还远远不够，必须在大学中建立沟通网络。沟通网络即沟通的路线形态。目前，国内外学者共研究了五种沟通网络，分别为链式、轮式、圆圈式、Y式和全渠道式。它们各有优、缺点，分别适应不同的沟通需要。高校战略管理者可以根据高校自身的特点和要达到的沟通目的等实际情况，选择建立适宜的沟通网络。一般来说，解决简单问题时，轮式和链式的效率较高；解决复杂问题时，圆圈式和全渠道式最为有效。建立沟通网络的主要目的是把沟通建立在科学的基础之上，使沟通成为真正有效的行为。第二，优化沟通渠道。沟通渠道与沟通网络具有相关性，属于沟通网络的一部分。只不过，建立沟通网络是从促进沟通制度化的宏观方面着手，而优化沟通渠道是从更为微观的操作层面而言，但其影响也不容忽视。为了保证信息传递的时效性和准确性，在设计沟通渠道时，应尽量减少沟通环节。同时，要加强对沟通渠道的管理，对每一个沟通环节的行为要具备有效控制和把握的能力。在高校中，沟通渠道可以多样化，也要以实际需要为准绳，要避免多个渠道在传递同一信息时的交叉和不必要的重复，避免资源的浪费和多个渠道同时传递某一信息时可能造成的混乱，提高沟通渠道的效能。第三，选择适宜方式。不同类型的信息和不同人群之间的沟通，都有其最适宜的方式，必要时，也可以多种方式同时运用。在高校中，教师群体具有较高的文化素质，对事物有独特的判断能力，较少迷信和盲从他人，崇尚民主和人文化的管理氛围。管理者在与他们进行沟通时，应同时运用沟通在信息传递和情感交流两方面的功能：一方面，准确、全面地传递信息；另一方面，充分体现民主和平等的原则，尽量采用双向沟通的方式，在价值观方面取得一致。第四，适时进行沟通。沟通的时机非常重要。在大学组织战略实施过程中，每一项政策的出台，都需要管理者事先对政策实施的环境，包括物理环境和人们的心理环境进行准确的判断，确定其是否与即将出台的政策相符。沟通虽然是为战略实施探路，但它本身的出现也需要选择合适的时机。如果条件不成熟，可以暂缓沟通或调整沟通的方式和范围；如果学校外部环境的变化可能给战略实施带来积极的影响，也可以抓住机遇，利用有效的沟通，催熟战略实施的内部条件。

在战略实施阶段实现有效沟通，对战略管理者的要求。第一，具有民主管理意识和兼容并蓄的胸怀。战略管理者要成为真正为高校全面和长远发展负责的人，要积极推动高校崇尚民主的组织氛围，真正重视和欢迎高校教师、学生等参与学校管理，重视他们的意见和建议，重视沟通的积极作用。在沟通中，以人格的力量和正确的观念来影响人，而不是以行政权力压服人：一方面，向沟通对象传达组织已经形成的价值系统，强调这种价值观的共同性；另一方面，也要承认沟通对象个人价值的合理性、多样性和文化的多元性。战略管理者只有以真实的情感和卓越的能力取得沟通对象的信任，才可能为有效的沟通奠定良好的基础。第二，较强的口头和书面表达能力。战略管理者在组织或参与宣传、解释有关战略计划的文本、政策等时，应能简练、准确地表达其最精髓的含义，使沟通对象迅速抓住要点，正确、全面地理解政策，避免因语言表达失误而造成的对政策的误解。第三，能准确把握沟通时机，对信息反馈能及时做出反应。就战略实施中的沟通来说，战略管理者应始终站在主动的一方，随时观察有无沟通的需要，并善于抓住最有利于沟通的时机，既不贸然行事，也不错失良机。这就是说，战略管理者对信息反馈和环境变化必须敏感，并能及时做出反应。这就要求战略管理者有丰富的知识、经验，足够的判断能力和快速反应、灵活应变的能力。

目前，围绕创建世界一流大学和高水平大学等战略目标，我国一些著名大学已认识到有效沟通的重要性，并采取了一些切实有效的措施。通过有效沟通，全校师生员工对学校总体目标和有关举措达成了共识，学校形成了生动活泼、团结奋斗、众志成城的良好局面，从而使学校的战略举措得以顺利推进。实践证明，有效沟通是高校战略实施的重要保证。

参考文献

[1] 阎光才：《大学组织的管理特征探析》，《高等教育研究》2000 年第 4 期。

[2] 谢安邦、阎光才：《高校的权力结构与权力结构的调整——对我国高校管理体制改革方向的探索》，《高等教育研究》1998 年第 2 期。

[3] 杨治昌：《高校在改革过程中如何保证政令畅通》，《北京邮电大学学报（社会科学版）》1999 年第 3 期。

[4] 孙亚东：《学校领导沟通的功能和艺术》，《辽宁教育学院学报》2000 年第 1 期。

[5] 刘向兵、李立国：《我国研究型大学实施战略管理的必要性及可行性初探》，《中国高教研究》2004 年第 7 期。

从操作管理到战略管理
——高校管理发展的重要趋势 *

刘向兵

随着我国高等教育事业的加速发展，战略管理在高校的实施不仅成为一个理论"热点"，也越来越多地成为许多大学特别是研究型大学的一个实践问题。20 世纪 90 年代以来战略规划在国内各高校的逐步兴起，为战略管理的推进奠定了良好基础。为进一步促进高校管理的变革，推进研究型大学发展，我们一方面呼吁高校实现由战略规划到战略管理的飞跃；另一方面，也要积极呼吁高校实现由操作管理到战略管理的飞跃。

一、从操作管理发展到战略管理的理论依据

操作管理是一个比较笼统的概念，是对高校具体业务、职能活动或日常事务的管理，诸如教育及教学管理、科研管理、人事管理、

---

* 原文发表于《中国高教研究》2005 年第 11 期。

学生管理、招生就业管理、财务管理、资产与产业管理、校园建设管理、后勤管理等。有研究者认为，操作管理包含了我们平常所称的目标管理、质量管理或常规管理。如果把操作管理与古典管理理论相比较，不难发现操作管理主要是建立在古典管理理论基础之上的。

战略管理作为一门学科始于20世纪60年代，70年代在企业管理的学术研究和实际运用领域获得长足发展，随后又被作为非营利组织的高校、基金会、科研组织等逐步引入。国外大学管理引入企业战略管理理念始于20世纪80年代，其标志是1983年美国乔治·凯勒（George Keller）发表的《学术战略：美国高等教育管理革命》一书（国内译作《大学战略与规划——美国高等教育管理革命》）。

高校讲求战略和战略管理必须具备两个条件：第一，大学具有独立的自身利益和持续、稳定的发展目标，这是实施战略和战略管理的内在需求；第二，大学必须存在实施战略和战略管理的社会环境。战略总是与竞争紧密联系在一起的。有人认为，高校发展战略具有5个核心特征：①竞争；②参照系（对手）；③全局胜利（双赢）；④基础性；⑤长远性。亦即高校的发展战略是面向"竞争"的谋划，为此就必须明确自己的"竞争对手"或"参照系"。

从现实情况看，在我国过去高度集中的计划经济体制下，教育事业一直被视为由政府支出的公益性福利事业，高校产品的性质为纯公共产品，大学的所有权与管理权都由政府掌握，高校的办学经费依靠国家财政拨款，政府控制大学的发展目标、发展规模、招生专业、招生层次等。这种情况下，高校当然谈不上战略和战略管理问题，只要按照职能分工做好操作性、日常性管理足矣。随着我国社会主义市场经济体制的逐步完善，我国教育体制改革加大了步伐，形成了以市场机制为导向、政府宏观调控为主导、高校自主办学为主体的运作机制，高校之间的竞争空前激烈，高校的命运自己把握，需要更多思考自己的未来。为此，高校必须站在新的起点上，更新管理思维，树立战略管理理念，逐渐取代质量管理、目标管理等操作管理模式。

二、战略管理与操作管理的区别和联系

战略管理既是一种管理思想，也是一种管理方式，不仅包括战略制定，还包括战略实施和战略评价。这三个阶段一起构成一种全过程的管理，一种循环复始、螺旋式上升的动态的总体性管理，具有长远性、全局性、纲要性和综合性。

（一）战略管理与操作管理的主要区别

战略管理更加注重管理的整体性、全局性、全程性，而操作管理较多关心管理的某个方面和环节。战略管理不仅涉及战略规划的制定，而且包含着将制定出的规划付诸实施，以及对战略进行评价

等环节。它涉及人、财、物、时空、信息等所有资源，特别注重通过多个层面的及时反馈，构建周密、有效的闭环系统，强化战略管理全过程中的控制与调整。战略管理是一种整体性、全局性、全程性管理，它应当在高校管理体系中处于核心地位，引导学科建设、人才培养、人事管理、学生管理、后勤管理等，促使高校改进决策方式，优化组织结构，把日常的操作管理建立在系统、有序的基础上，增强内部的协调、沟通与控制，不断提高管理效率与水平。因此，战略管理追求的是整个学校的最佳态势。操作管理相对而言是比较具体、单一的管理。

战略管理更加注重高校与环境的关系，而操作管理主要着眼于高校本身。战略管理的一个基本宗旨，便是利用外部机会（External Opportunity）化解或回避外部威胁（External Threats）。由于机会和威胁往往在人们的控制之外，故称之为外部机会与威胁。所以，战略管理就是对外部环境的管理，即识别、监视和评估外部机会与威胁。战略管理十分注重从他人或外在环境的观点来看组织问题，战略管理过程也成为一个组织寻求成长和发展机会及识别威胁的过程。操作管理则一般是以自我为中心，强调内部管理，强调管理的内容及具体的目标，偏重于内部各单位的整合。

战略管理更加注重创新和变革，操作管理更为注重养成、制度及规范。战略管理要求高校管理者要有较强的战略意识、忧患意识，不断从高校实际出发，居安思危，适时对战略实施进行控制，及时进行创新和变革。而操作管理则有很强的稳定性，更注重遵循现成的制度和规范，照章办事，把具体工作做好，更注重正常秩序下的奖惩激励。这都容易使人们形成求稳怕变的思维方式和按部就班的行为模式，忧患意识相对淡薄。

战略管理更加注重管理实践的合理性，操作管理比较注重管理的合目的性。所谓合理性，就是合目的性与合规律性的统一：高校管理不仅要求实现特定目标，即合目的性；同时，要把自己置于高等教育实践的大背景下，从整体上看它是否符合高等教育的客观规律，即合规律性。战略管理中的领导者往往能按照高校管理"引导学校教育实践合理性"的观念行动，用战略管理的理念引导学校师生特别是管理人员减少短期行为，尽量从战略和学校生存与发展的高度思考并处理问题，从而使高校管理活动的目标更明确、工作更主动、实施更高效。

（二）战略管理与操作管理的主要联系

一方面，操作管理和战略管理一样，都是高校管理者遵照教育规律和国家教育工作方针，合理组织高校的人力，有效使用高校的物质资源，积极开展教育、教学活动，去实现预定的目标。但是，它在实施中也并非不涉及战略问题，只不过是层次不同而已。同时，战略管理并不能脱离操作管理，因为战略管理的实施需要借助操作管理中的日常管理、目标管理、质量管理等手段来实现。战略管理所追求的目标是整体的，为实现既定的目标，必须将战略转化为具体行动，将战略"操作化"。

另一方面，战略管理又是操作管理的灵魂和导向，离开战略管理指导的操作管理是盲目的、低效率的管理。正是在这个意义上，有研究者认为战略管理包容并超越操作管理。

三、结论

战略管理与操作管理是高校管理中相互关联的两种模式，对促进高校管理的变革、推进研究型大学发展、实现由操作管理到战略管理的飞跃，具有十分重要的意义。同时，战略管理与操作管理虽然有所不同，但又有密切联系。高校实施战略管理，并不是要取代或取消操作管理，而是实现战略管理指导下的、在战略管理框架下的有机结合，即宏观上、总体上实施战略管理模式，在微观上充分发挥操作管理，包括日常管理、常规管理、质量管理及目标管理等的优势，实现战略管理的整体效果。

参考文献

[1] 刘向兵、李立国：《高等学校实施战略管理的理论探讨》，《中国人民大学学报》2004 年第 5 期。

[2][美]坎贝尔等：《现代美国教育管理》，袁锐锷译，广东高等教育出版社 1989 年版。

[3]杨天平：《学校常规管理学》，人民出版社 2004 年版。

[4]熊川武：《中小学需要战略管理》，《中小学管理》1997年第 6 期。

[5]凌绍崇：《略论战略管理与操作管理的异同》，《广西右江民族师专学报》2000 年第 3 期。

[6]田高、孙孝文：《知识经济时代高等学校的战略管理》，《华中农业大学学报（社会科学版）》2004 年第 2 期。

[7]李锦祺：《学校战略管理浅议》，《广东职业技术师范学院学报》2002 年增刊。

[8]颜道胜：《论西方管理理论的发展对我国高校管理的影响》，《宁波高等专科学校学报》2001 年第 3 期。

从战略规划到战略管理
——高校管理发展的重要选择 *

刘向兵　李立国

随着我国高等教育事业的加速发展，战略规划在高等学校发展中的作用越来越突出，同时，这种规划工作也逐步遇到了一些困难和问题。为此，我们提出，高校战略规划应当逐步发展到战略管理（Strategic Management）。以战略管理取代战略规划，是高校管理发展的一个重要选择。

战略管理是组织为了长期的生存和发展，在充分分析组织外部环境和内部条件的基础上，确定和选择组织战略目标，并针对目标的落实和实现进行谋划，进而依靠组织内部能力将这种谋划和决策付诸实施，以及在实施过程中进行控制与评价的一个动态管理过程。

战略管理作为一门学科始于 20 世纪 60 年代，70 年代在企业管理学术研究和实际运用领域获得了长足发展，随后又被作为非营利

---

* 原文发表于《国家教育行政学院学报》2005 年第 12 期。

型组织的高校、基金会、科研组织等逐步引入。国外大学管理引入企业战略管理理念始于80年代，其标志是1983年美国的乔治·凯勒（George Keller）发表的《学术战略：美国高等教育的管理革命》一书（国内译作《大学战略与规划——美国高等教育管理革命》）①，由此掀起了高教研究人员对高校战略规划的研究热潮②。企业制定战略计划的技术方法被广泛用于学校和地方教育当局制定发展战略的工作中，并产生了一系列专著、论文，以及有关成功经验的案例。可以说，从战略规划发展到战略管理，既是理论的呼唤，又是现实的需要。

一、从战略规划发展到战略管理的理论基础

（一）"有限理性"学说

20世纪50年代以来，社会科学领域中主流的决策理论，均是以理性选择为基本分析框架的。例如，在新古典经济学中，人们的决策行为通常被抽象化为按最大化原则来实现个人目标的理性选择过程。这一决策模式通常包括以下四个假设：（1）人们知道自己的目标；（2）人们知道面对的选择；（3）人们知道这些选择的后果；

---

① [美]乔治·凯勒：《大学战略与规划——美国高等教育管理革命》，别敦荣主译，中国海洋出版社2005年版。
② 万秀兰：《国外高校战略规划的研究及借鉴》，《上海高教研究》1998年第5期。

（4）人们知道并遵守最大化原则的决策以进行选择。这一说法中有两个基本假设。第一个假设是决策者占有"充分信息"，即人们知道面临的各种选择和这些选择的后果；第二个假设是决策者有"充分理性"，即人们不仅有能力来收集、加工这些信息，而且有能力做出理性的决断。因此，理性决策模式是一种在充分信息条件下利益最大化的决策模式。当时，在企业界兴起的战略规划实际上就是一种理性决策模式，它是在假设决策人占有充分信息并在完全理性的条件下做出战略规划的。

就在 20 世纪 50 年代，美国管理学家和社会科学家赫伯特·西蒙（Herbert A.Simon）针对充分理性模式这一前提假设，提出了"有限理性"的概念。其基本思路是人们信息加工的能力是有限的，所以，人们无法按照充分理性的模式去有所行为，即人们没有能力同时去考虑所面临的所有选择，无法总是在决策中实现效率最大化。"有限理性"的起点是建立在这样一个观察基础上的，即人的心理设施对信息加工的能力是有限的。因而，理性模式的基本前提在现实生活中是不能满足的。

应当看到，西蒙的研究是在个体层次上研究有限理性问题，考虑的主要是个人的心理机制和不确定条件之间的关系。那么在信息技术高度发展的今天，西蒙的有关信息加工能力局限性的有限理性概念是否过时了呢？应该讲，信息技术的发展对于克服信息不足的问题有着重要作用，但环境的变化和不确定性也增强了。任何战略决策者、任何组织总是力图从各个方面降低或减少环境的不确定性，在平衡、稳定的环境中，这并不困难。而在多变、动荡的环境中，要求一个战略决策者总能做出正确的判断以利于决策，却是不现实的。同时，"有限理性"所指出的决策困境更为深刻、复杂。按传统的理性模式观点，理性组织都有明确的战略目标，进行理性规划与选择，采取理性的行为。但是，任何理性实际上都是不同利益集团组合而成的。因此，组织内部的决策是一种多个利益集团之间讨价还价、相互影响、相互妥协的过程，而不是一个理想的理性选择过程。首先，在有限理性的研究中引进"利益"这一变量具有重要意义，因为对利益的考虑意味着信息的使用是策略的，而不是中立的。在理性模式中，信息常常被假设为中立的，多多益善，但在战略规划中，信息的不对称性导致人们策略地使用信息，信息量的增加并不一定提高组织决策的质量。其次，是组织目标的模糊性。战略目标对于不同利益群体的组织成员来讲有着不同的意义，导致了他们在解释组织目标和执行组织决策时的不同行为。战略目标经常是利益妥协的结果。这些目标随着政治力量对比的变化而变化，而且，每个人因自身利益不同而有着不同的理解。因而，组织的目标在利益冲突的条件下有很大的模糊性。最后，是理解、解释的模糊性。如果说任何信息加工都必须通过人的理解、解释来进行的话，那么，对于战略规划的理解、解释也因个人的经历、地位、利益、思维习惯不同而不同。特别是由于理性的局限性，人们通过对过去经历的认识来制定规划，而不是向前看。可是，人们对过去经历的解释也并不是明晰、一致的。研究发现，人们对组织内部事件的解释、评判，因其角色、经历、时间距离不同而异。

综上所述，传统的战略规划是以充分理性、充分信息为理论基础的，而战略管理中的战略规划则是以"有限理性"和环境的不确定性为理论基础的。为了克服建立在"有限理性"理论基础上的战略规划的局限性，就应加强战略实施、战略评估两个部分，因为它们是战略规划的继续。我们经常可以看到一个组织对自己的战略目标的表述非常清晰，但实施运行过程常常与这些理性目标相去甚远，甚至背道而驰。从战略规划的角度来看，这是容易理解的。因为组织的战略目标通常是由领导层制定的，但战略实施的过程则是一个政治过程、利益表达过程，反映了各种利益的冲突与妥协，所以常常表现出多样性和差异性。

（二）企业管理中的"从战略规划到战略管理"理论

回顾企业战略管理理论发展史，恰好有过一个"从战略规划到战略管理"的历程。这正是"有限理性"理论的实践结果，同时又成为根源于企业战略管理的高校战略管理由战略规划发展到战略管理的又一理论基础。

国外普遍认为，战略规划是战略管理的先导。1994 年，著名管理学家亨利·明茨伯格（Henry Mintzberg）出版了《战略规划的衰落与兴起》一书，指出战略规划在管理领域流行于 20 世纪 60—70 年代，在 80 年代以后逐渐被战略管理所取代。更重要的是，战略规划仅是战略管理的一个组成部分，并不涉及战略的实施与评估问题。如果将战略规划、战略实施与战略评估结合在一起，便构成完整的战略管理过程。

安索夫（Lgor Ansoff）在其著作《新公司战略》中指出，战略计划与战略管理的区别在于，前者的焦点是制定最优战略决策，而后者的焦点是关注产生新的战略结果——新市场、新产品和新技术。战略规划是由一个专门部门制定的，而战略管理涉及所有组织部门，它更综合，将战略扩展到所有组织单位。战略管理包含了战略规划，但它更关注战略的执行，关注整合组织的力量去实现战略目标；并且，规划或计划的制定不再是一个特殊部门的活动，而是全部管理者的责任[1]。

这些分析充分反映了战略管理相对于战略规划的优势，我们可以进一步将其概括为：第一，战略管理不仅涉及战略的制定，而且包含着将制定出的战略付诸实施，以及对战略进行评价等管理环节，

---

[1] 陈振明：《公共管理需要新的战略思维——评〈公共和第三部门组织的战略管理〉》，《中国人民大学学报》2001 年第 6 期。

因此是全过程的管理，是一种动态的、总体性管理①。第二，战略规划与战略实施、战略评估的关系表现为：战略规划是在行动之前部署力量，而战略实施则是在行动中管理和运用力量，是将战略规划转化为现实绩效的过程；战略规划重视目标的有效性，而战略实施则关注效率；战略规划是一个思维过程，而战略实施是行动过程；战略规划需要协调的是少数人，而战略实施则需要更广泛的行动者之间的协调。战略评估是临近战略实施并对战略实施的绩效进行系统性评估的过程。战略评估的结果可以作为调整、修正甚至终止战略的合理依据。因而，它立足于战略规划而优于战略规划，强化了战略规划的实践特色，并且能够整合组织的全部力量去实现战略目标。显然，从战略规划到战略管理，并非字面或表述上的简单调整，而是意味着实质性的变化。

二、高校管理由战略规划发展到战略管理的必要性

从 20 世纪八九十年代开始，我国许多高校特别是一些研究型大学开始把制定发展战略作为学校的大事来抓，设立了负责研究和规划学校长远发展与战略对策的发展规划处或政策研究室，制定了以发展战略规划、学科建设和队伍建设规划、校园建设规划为核心的"五

① 傅英宝、李科健：《略论战略管理》，《农业部北京农垦管理干部学院学报》1999 年第 3 期。

年计划"或"十年纲要"，确立了发展定位、战略目标及战略措施。尽管已取得了相当的进展，积累了宝贵经验，但仍存在不少问题。

（一）高校的战略管理意识还比较薄弱

目前，高校的战略管理意识比较薄弱，主要表现在许多高校甚至部分著名高校的战略目标不够清晰；战略目标缺乏系统性，有的高校虽然有了总体战略目标，但往往还比较粗糙；战略目标缺乏系统性，缺乏总战略目标统率下的子战略——规划——计划体系，也没有明确的支撑保障战略；制定的战略目标缺乏科学性，有些高等学校战略目标的形成，外部强加的因素大于学校内部主观制定的因素。

（二）重规划，轻实施，特别是轻评估的情况较为普遍

不少高校在总体规划制定后，往往没有分解落实的办法，不少高校的专项规划和战略规划缺乏有机的结合与统一，专项规划之间也缺乏协调。多数高校无论是总体规划还是专项规划，都没有相应的操作性行动计划。在实施和执行方面，既缺乏共同理念的引导、学校氛围的营造，又缺乏有效的控制、评估机制和手段，使得规划的落实十分困难。

（三）战略规划的权威性、"法定性"未能体现出来

规划难以指导学校的日常工作、规划与实施"两张皮"、规划

"只是规划部门的事"等现象，几乎在所有高校都有体现。其结果是规划工作与日常工作脱节，各项工作之间缺乏协调协作，各种资源缺乏整体配置，各个部门各自为战，管理的有效性也不够高。有关学者通过对我国近年制定高等学校发展规划特点的分析，认为明显的缺陷有"对外部环境的适应性较差"，"具有一定的短期效应，很难面向未来"①。

综上所述，我国高校的战略管理刚刚起步。如同企业管理一样，高校管理提出"从战略规划到战略管理"这一命题，在现有规划工作中切实增强战略管理意识，逐步以战略管理取代战略规划，是比较适合现实需要的。

三、结合高校特点，搞好战略管理

（一）高度重视战略管理的全过程性

战略管理不仅涉及战略规划的制定，而且包含着将制定出的战略规划付诸实施，以及对战略进行评价等环节。此外，还特别注重通过多层面的及时反馈，构建周密、有效的闭环系统，强化了对战略管理全过程的控制与调整。因此，战略管理是战略制定、战略实施、战略评估"三位一体"的过程，它立足于战略规划而优于战略规划，

---

① 徐枞巍、冯厚植：《高等学校发展规划的模式与选择》，《人大复印报刊资料·高等教育》1993 年第 2 期。

强化了战略规划的实践特色和可操作性，有利于高校整合全部的力量去实现战略目标。

为便于理解战略管理与战略规划的异同，我们制作了高校战略管理的一般模型（见下图）。

（二）深入理解战略管理相对于战略规划的综合性、全面性

与战略规划不同，战略管理应当并能够在高校管理体系中处于核心地位，引导并贯穿于学科建设、人才培养、人事管理、学生管理、后勤管理等各项工作中，促使高校改进决策方法，优化组织结构，把日常管理工作建立在系统、有序的基础上，增强内部的协调、沟通与控制，不断提高管理效率与水平。因而，战略管理追求的不是个别部门或环节的效率，而是整个学校的最佳态势；而搞好规划、落实规划也就不再是规划部门独立的工作，而是全部管理部门、全部管理者的共同责任。

（三）充分保证战略管理的系统性

目前，许多高校编制的"三大规划"，即发展战略规划、学科建设和队伍建设规划、校园建设规划都是分立的、平行的，彼此的联系并不紧密；而在战略管理中，这些内容将构成一个完整的系统。在总的战略目标统率下，子战略、规划、计划是统一的、有机的、有层次的。这样，所有的规划从制定到实施就更加系统、有序，它们协同努力，共同推动大学增强竞争实力，更快地提高办学水平和地位，实现自己的使命，实现跨越式发展。

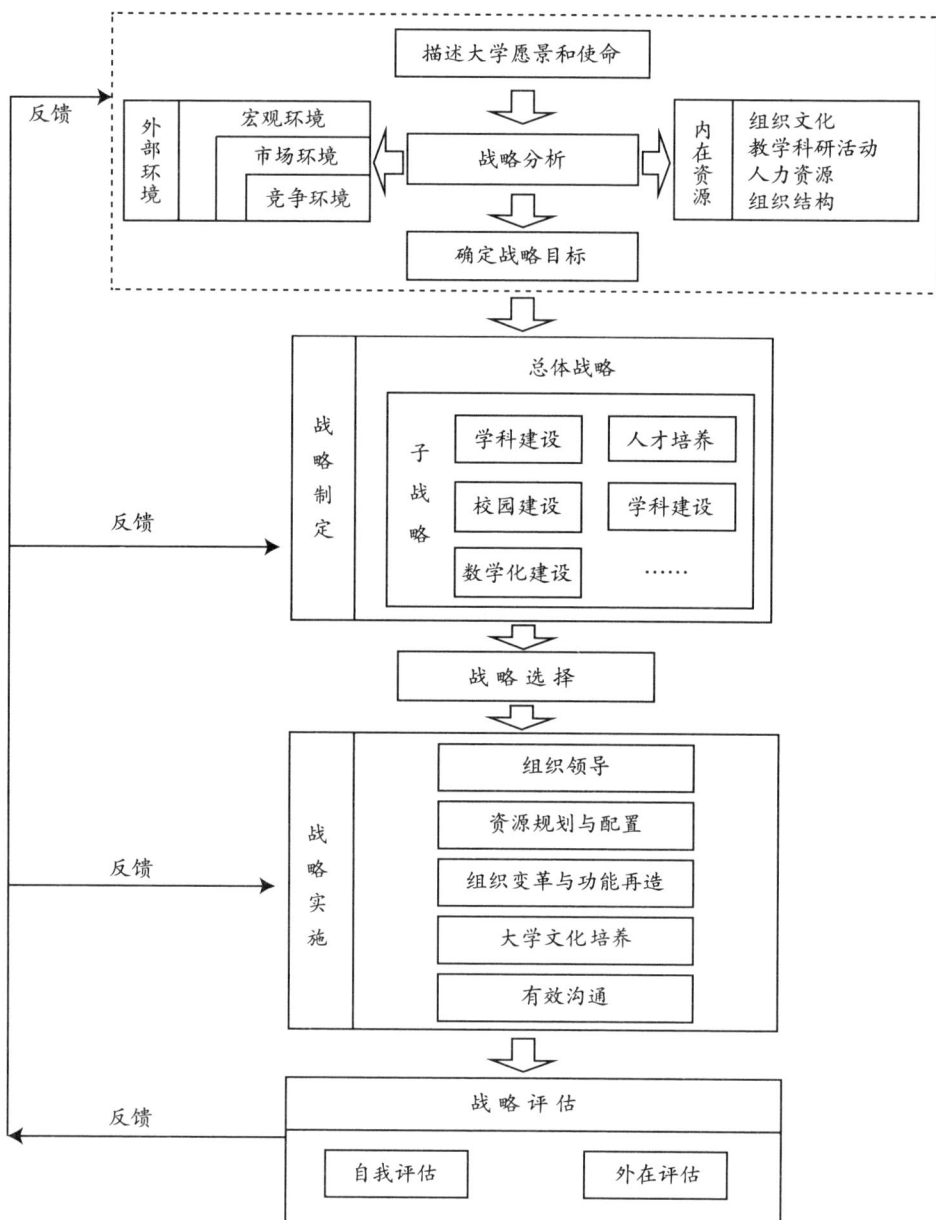

高校战略管理的一般模型

（四）适度保持战略规划的灵活性

战略规划的制定涉及社会发展、高等教育发展的宏观层面和高校发展的微观层面，是一个需要不断研究、不断调整的过程，这也是"有限理性"理论的要求。目前，国外多数高校在制定5年或10年发展战略之后，逐年对战略及其实施情况进行严格审查，然后进行必要的调整，在此基础上制定新的5年或10年发展战略，依次类推，持之以恒，以求高校战略意图的达成。因此，高校战略规划在强调权威性、"法定性"的同时，也要注重保持适度的灵活性。这就要求加强战略管理中的评估、修订和反馈环节，加强战略评估与控制。这也是高校战略管理的一条重要原则。

（五）逐步实现战略管理的机制保障

高校应设置并完善发展规划部门，从性质和职能上看，这一部门应当不单纯是一个咨询部门，还应有一定的行政职能。这样才能保证把规划工作作为日常工作进行安排，把规划工作与实际工作紧密结合起来进行部署，使得高校的战略管理具备充分的机制保障。目前，我国已经有许多高校正在积极进行此方面的探索。我们对30所研究型大学进行问卷调查，发现有80%的大学已经设置了专门机构进行战略规划工作。由此足见，这是一种必然趋势。

（六）重点强化中上层管理人员的战略管理意识

从企业现代战略理论的研究和实践来看，战略管理并非某一部分人特有的职责，而是组织内全体人员共同的使命，"经理人员则是组织战略体系中最关键的因素"。尤其是高校的战略管理在刚刚起步阶段，上层领导是学校战略的决策者，掌管着学校的战略目标方向和水平；中层领导（包括职能部门领导和院、系领导）则既是战略目标的参谋者、制定者，又是战略目标实施的贯彻者，发挥着承上启下的作用。所以，如今高校实施战略管理的重点，是强化中上层管理人员的战略管理意识。

参考文献

[1] David Middlewood and Jacky Lumb, Strategic Management in Schools and Colleges [M].London; Paul Chapman Pub.， 1998.

[2]周三多等：《战略管理思想史》，复旦大学出版社 2003 年版。

[3]史密斯－巴克林协会:《非营利管理》,中信出版社2004年版。

[4]张成福：《公共管理学》，中国人民大学出版社 2001 年版。

大学核心竞争力概念辨析 *

刘向兵

21 世纪初期，随着我国加入世界贸易组织和大学之间竞争的加剧，核心竞争力理论开始被引入高等教育领域，一股大学核心竞争力的研究热潮正在兴起。普遍的认识是，核心竞争力是一切组织在处于竞争环境和条件下实现自我发展所需要的能力；由于竞争的普遍性，特别是随着我国加入世界贸易组织，大学作为市场经济背景下的一种非营利组织，面临争创世界一流或高水平大学、国际性日益增强带来的挑战，竞争问题日趋突出。大学引入核心竞争力理念绝非空穴来风，而是理论上的一种自然需要、实践中的一种必然探索。

一、现有研究综述

不同学者对大学的核心竞争力提出了不同的定义，初步统计达数十种之多，笔者将其大致划分为"能力观""资源观""协同观""要

---

* 原文发表于《中国人民大学学报》2006 年第 2 期。

素观"四大类。

"能力观"，即把大学核心竞争力界定为一种能力。如认为大学核心竞争力是"以技术能力为核心，通过对战略决策、科学研究及其成果产业化、课程设置与讲授、人力资源开发、组织管理等的整合或通过其中某一要素的效用凸显而使学校获得持续竞争优势的能力"[1]，"是组织内部整合的、富有个性化的、复杂的能力体系"[2]。

"资源观"，即把大学核心竞争力界定为一种资源。如认为大学核心竞争力是大学的优势资源，是主体对大学资源有效运作而产生的，表现为深植于竞争主体的各种资源之中，以自身独有的核心能力为支撑点，在履行教学、科研、社会服务三大职能中运作自身资源所形成的整体。

"协同观"，即把大学核心竞争力界定为一种由能力、资源或其他因素协同而成的特殊体系。如认为大学核心竞争力"是识别和提供优势的知识体系"，它"以大学基础设施为依托、以大学精神为共同愿景"，在"办学理念、组织管理、学术梯队、校园文化以及外部资源等竞争力诸要素协同作用"下形成，"是大学内部一系列互补的知识和技能的组合，它具有使大学达到国内甚至世界一流水平的能力"，或是"大学独有的、长期形成并融入大学内质中

---

[1] 赖德胜、武向荣：《论大学的核心竞争力》，《教育研究》2002 年第 7 期。
[2] 杨昕、孙振球：《大学核心竞争力的研究进展》，《现代大学教育》2004 年第 4 期。

支撑大学竞争优势，使大学在竞争中取得可持续生存与发展的能力系统，是一个由制度体系、能力体系和文化体系有机组合而成的系统"①。

"要素观"，即把大学核心竞争力界定为大学发展中发挥重要作用的某种要素。如认为"大学的核心竞争力即一所大学所独具的特色和优势，这种优势来源于学校独特的办学理念和教学方案，以及充满活力的学术氛围和校园文化，这些互相影响的综合因素或力量的综合即为大学的竞争力"②，或"大学的核心竞争力是指那些促进大学走向成功，在大学竞争中起关键作用的要素，为积极提高我国大学的核心竞争能力，办学者尤其要重视以下核心要素：教师、管理者和大学校长"③，或"人的因素是高校的核心竞争力，它体现在一所高校员工的数量、素质、结构、配置、激情、合作与竞争等七个方面"④等等。

尽管对大学的核心竞争力还没有一个完全统一的定义，但上述定义均揭示了一个基本事实：大学是应该有核心竞争力的。它是大学独具的、能支撑大学可持续竞争优势的能力、资源或能力、资源

① 别敦荣、田恩舜：《论大学核心竞争力及其提升路径》，《复旦教育论坛》2004 年第 1 期。
② 孟丽菊：《大学核心竞争力的含义及概念塑型》，《教育科学》2002 年第 6 期。
③ 继华、文胜利：《论大学核心竞争力》，《中国高教研究》2001 年第 4 期。
④ 马士斌：《"战国时代"：高校核心竞争力的提升》，《学海》2000 年第 5 期。

的综合，是一所大学所独具的特色和优势。

应当肯定，在短短几年内，学术界对大学核心竞争力概念的研究取得上述成果，是难能可贵的。但是，如果只是满足目前的研究水平，不去对大学核心竞争力的概念进行更加明晰的把握，不去深入剖析大学核心竞争力的科学内涵、特征及其构成要素，就难以掌握识别、培育、提升核心竞争力的原则、方法和路径，更无法做到从核心竞争力的新视角，对大学的科学定位、战略目标、学科建设、人才培养、科学研究以及无形资产的培育进行更深层次的思考，形成大学战略发展的新思路。

二、大学核心竞争力概念辨析的方法论

（一）理论辨析：回归本原意义

科学研究的规律告诉我们，某一学科的概念、范式在被引入其他学科时，一般不应背离其原创者的基本定义。研究大学核心竞争力也同样如此。为了明晰大学核心竞争力的概念，我们首先探究"核心竞争力"的本原意义。"核心竞争力"（Core Competence）这一概念来源于企业管理，代表人物是普拉哈拉德（C.K. Prahalad）和哈默尔（G.Hamel）。1989年，他们在《哈佛商业评论》上发表了题为《与竞争者合作——然后胜利》的论文，指出：就短期而言，公司产品

的质量和性能决定了公司的竞争力；就长期而言，起决定作用的是造就和增强公司的核心竞争力——孕育新一代产品的独特技巧。这一论述引起了经济学、管理学和实业界的高度重视。1990 年，他们两人在《哈佛商业评论》上又发表了题为《公司的核心竞争力》的论文，对核心竞争力做了如下定义："组织中的累积性学识，特别是关于怎样协调各种生产技能和整合各种技术的学识。它是能使企业提供附加价值给客户的一组独特的技能和技术，指以企业的技术能力为核心，通过对战略决策、生产制造、市场营销、组织管理等的整合而使企业获得持续竞争优势的能力，是企业在其发展过程中建立与发展起来的一种资产与知识的互补系统。"①这标志着核心竞争力理论的正式提出。

按照上述概念，企业由核心竞争力、核心产品、最终产品等要素组成，核心竞争力是企业增强竞争力、获取竞争优势的关键。要判断企业具有的能力是否是核心竞争力，可通过以下三点来验证：（1）核心竞争力战略提供了进入多个市场的潜在途径。例如，具有在显示器生产领域的核心竞争力，可以使一个公司进入计算机、微型电视机、便携式计算机的显示器和汽车仪表盘等多种业务领域。（2）核心竞争力能够对最终产品的顾客可感知效用做出巨大贡献，即能够为客户

---

① Prahalad, C.K. and G.Hamel. The Core Competence of the Corporation [J] .Harvard Business Review, 1990, （3）:79-91.

带来巨大的价值。（3）核心竞争力应难以被竞争者模仿。

1991年，杰伊·巴尼（Jay Barney）对核心竞争力的特征进行了新的概括：（1）珍贵性，即能提高企业的效率，可以帮助企业在创造价值和降低成本方面比它们的对手做得更好。（2）异质性，即企业独一无二，能使企业竞争力独树一帜，没有被当前和潜在的竞争对手所拥有。（3）不能仿制。（4）难以替代，即没有战略性等价物。而只有当资源、知识和能力同时符合上述标准时，它们才成为核心竞争力。在此基础上，有学者总结出判断核心竞争力的四项标准，即有价值、稀有性、难模仿、无法替代[1]，见下表。

判断核心竞争力的四项标准

有价值的能力	有助于组织把握机会、化解威胁
稀有的能力	很少为其他组织所拥有
难以模仿的能力	历史的：独特而有价值的组织文化和品牌 模糊性因素：竞争能力的原因和应用不清楚 复杂社会性：管理者、供应商以及客户之间的人际关系、信任和友谊
无法替代的能力	没有战略等价资源可以替代

---

[1] 王建民编著：《战略管理学》，经济科学出版社2003年版，第150页。

追溯企业管理研究者的成果，我们不难得出这样的初步认识：核心竞争力首先是一种能力（学识），是企业或其他组织在竞争状态下协调各种生产技能并整合各种资源，使自身获得持续竞争优势的能力。这种能力具有高价值、稀有性、难模仿、无法替代等特征。

（二）实证辨析：现有概念评述

在对核心竞争力的概念进行本原意义的探究之后，我们对大学核心竞争力现有种种概念进行一下梳理。不难看出，现有概念基本上只是从一个或多个侧面，部分地揭示了大学核心竞争力的内涵。"能力观""资源观""协同观"和"要素观"，实际上是试图从核心竞争力的能力形成、资源基础、要素整合以及外在表现四个侧面来说明大学核心竞争力，都未能全面概括其本质。

"能力观"虽然揭示了核心竞争力来源于能力，但大多把这种能力强调为大学的技术能力，在该能力与其他能力的关系、该能力与大学诸多资源的关系上未作进一步论述。

"资源观"把核心竞争力定位在静态的"优势资源"上，尽管也强调了对资源的"有效运用""运作"，但似乎忽略了动态的、主观的能力的作用。

"协同观"在资源与能力的关系上有协同、整合的意向，但所协同的资源和能力都显得有些庞杂、包罗万象，使人难以把握和研究。

"要素观"则只反映了核心竞争力的不同外在表现，只看到了诸多现象，在透过现象抓住核心竞争力的本质方面亦显不足。例如，核心竞争力或者被等同于大学制度、办学特色、学科特色，或者被等同于大学的整体优势，或被等同于一所大学与其他大学相比较而凸显的比较优势。有些研究者甚至简单地把学校的核心竞争力界定为个人的竞争力，如大学领导者、若干名院士或有影响的学术带头人的竞争力。这些观点似乎都有这样或那样的不尽准确之处。

上述问题有两个共同根源。

第一，由于核心竞争力理论尚处于发展和完善之中，对于核心竞争力的定义和内涵等基本概念，国内外学术界尚未形成一个统一的看法，使得这一问题不仅在高等教育领域存在，而且在企业管理、战略管理领域也同样存在。

第二，一些研究者对核心竞争力理论缺乏系统了解和把握，在对第一手资料研究不足甚至缺乏第一手资料，以致信息衰减或者扭曲的情况下即展开嫁接、移植，使这类研究建立在缺乏原创性依据的基础之上，根基薄弱，依据庞杂，从而影响了研究的准确性、科学性。个别研究者甚至是"望文生义""自说自话"，把核心竞争力简单理解为竞争力中"最核心"的因素，得出的结论自然有些牵强，从而离核心竞争力基本理论相去甚远。

三、大学核心竞争力的概念

结合对企业核心竞争力内涵和特征的分析，综合有关大学核心竞争力的概念，笔者认为：大学核心竞争力是指一所大学长期形成的，能使大学在竞争中保持可持续发展，建立在大学战略性资源基础之上的获取、创造、整合资源的特有的能力。

这一概念的要点是：

其一，大学核心竞争力是大学发展历史上长期形成的并已融入大学内质中的能力。大学的核心竞争力同样是一种"累积性学识"，没有长期的积累，很难形成自己的核心竞争力。

其二，大学核心竞争力是该大学区别于其他大学的明显特征，应该独具特色，使该大学具有独特的竞争优势而难以为竞争对手所模仿。因此，大学的核心竞争力是大学差异化的有效来源。

其三，大学核心竞争力是建立在大学的学科、师资、无形资产、物质资源等战略性资源基础之上的能力。一般说来，只要存在竞争，就存在资源的占有和配置问题，大学核心竞争力的大小也就取决于对其中战略性资源获取、创造及整合能力的高低。但是，战略性资源本身并不是核心竞争力。

其四，大学核心竞争力是其长期持续竞争优势的源泉。在缺乏竞争的环境中，难以产生核心竞争力；要在竞争的环境中不断发展，就必须识别、培育和提升自己的核心竞争力。

其五，大学核心竞争力是一种相对于其他能力而言处于核心地位、支配地位的能力。

总之，本文提出的大学核心竞争力定义吸取了上述几种观点各自的合理因素，它不属于"资源观""协同观""要素观"，比较接近于"能力观"，但更强调该能力与其他能力及资源之间的关系，因而可以理解为"基于战略性资源的能力""整合、协同各种要素的能力"以及"支配各种能力的能力"。

四、大学核心竞争力的构成要素

那么，大学核心竞争力究竟是一种什么样的能力呢？为便于实际操作和进一步研究时参考，本文最后对大学核心竞争力的构成要素做一简要交代（具体论述拟另文发表）。大学的固有能力一般包括人才培养能力、科学研究能力、社会服务能力、筹资能力、组织管理能力、后勤保障能力、科技开发能力以及领导能力等。其中，人才培养能力与科学研究能力值得特别关注，因为大学的基本职能是培养专门人才、发展科学技术及直接为社会服务。人才培养、科学发展、社会服务这三大职能是相互联系、相互渗透的，共同构成了现代大学的职能体系。其中，培养人才始终居于中心地位；发展科学是大学的重要职能，它直接关系到大学培养人才的质量和学术水平的提高；直接服务社会是大学培养人才、发展科学职能的进一步延伸，否则，大学培养人才、发展科学的活动就会脱离社会实际。

为此，本文认为，大学核心竞争力主要表现为大学的人才培养能力和学术研究能力，它们符合"基于战略性资源的能力""整合、协同各种要素的能力"以及"支配各种能力的能力"的要求，而其他能力都从属于这两种能力，或者是这两种能力的延伸。国内外许多著名大学之所以拥有不同的核心竞争力，就是因为它们在这两种能力方面表现出有价值、稀有、难以模仿、无可替代的特点或优势。而要发现或培育一所大学的核心竞争力，也必须在大学发展最本质的这两种能力上下功夫。

大学领导者
在战略管理中的重要作用 *

刘向兵　李立国

　　始于 20 世纪 90 年代末期的大学战略管理研究已进入一个新的时期，越来越多的研究者和实践者把眼光投向大学领导者与战略管理的关系这样一个重要命题。如同企业一样，大学战略的成败，即能否实现既定目标，关键在于领导者。从国内外一些著名大学的发展历史来看，具有战略眼光的大学领导者对战略方向的把握、对战略目标的理解、对战略性师资的整合、对战略规划的制定和实施都负有重要使命，发挥着不可替代的作用。大学领导者认为，具有重要战略意义的内容往往会在学校战略中反映出来，学校的战略决策和战略行动往往深刻地打着大学领导者的个人烙印。质言之，他们应当是大学战略管理最重要的领导者、组织者和推进者。

---

* 原文发表于《中国高教研究》2006 年第 7 期。

在我国，大学领导者广义而言可以理解为大学的领导团队，如学校的党委会、学校的领导班子；狭义而言可以理解为大学的主要负责人，即大学的党委书记和作为大学法人代表的校长。

战略管理过程（Strategic-Management Process）主要包括战略制定、战略实施和战略评估三个阶段。也有研究者将战略分析作为战略管理的一个重要过程，构成四阶段说。下图反映了战略管理的闭环结构和反馈机制。

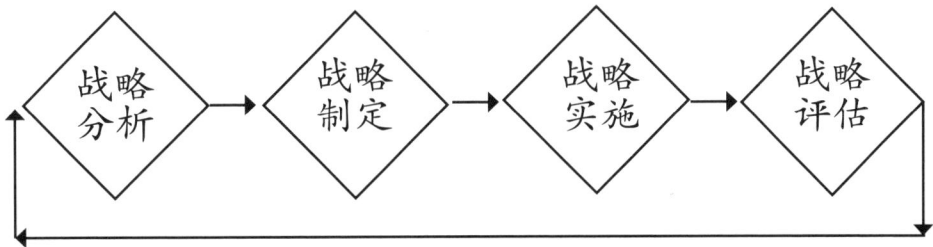

战略管理过程（四阶段说）

结合大学战略管理过程，笔者认为大学领导者主要应当承担以下使命。

一、以战略家的气质，领导大学的战略分析与制定

先导性的战略是使大学获取长期竞争优势的关键所在。先导性的战略又依赖于先导性的校领导，依赖其一流的战略思维和卓越的战略制定能力。

第一，思考和凝练明确的办学理念、规划并提出清晰的办学目

标。办好大学首先要从确立办学理念、准确定位办学目标开始。英格兰高等教育拨款委员会（HEFCE）2000年编辑出版的《高等学校战略规划指南》对校长在战略管理中的职责提出四项要求[1]，其中"提出目标任务和发展思路"是第一位的职责。

世界上许多知名大学的发展历程，都充分体现着大学领导者作为战略家在确立学校办学目标和理念方面的重要作用。德国洪堡大学的创办者提出以"教学与科研结合"推进"学术自由"，使洪堡大学成为当时世界大学的典范。斯坦福大学的奠基人斯坦福夫妇一开始就决心创办一所伟大的、不同于美国东部传统的大学，其思想核心是"有用"，培养"有教养的和有用的公民"。这种办学理念得到继任者的继承和弘扬，成为支持教师开展有益于社会的研究、培养学生学以致用的精神、建设斯坦福大学工业园区、形成"硅谷"等重要举措的源泉。麻省理工学院首任院长罗杰斯（William B.Rogers）提出"以开创未来的精神，创办一所超过全国所有大学的学院"，要将"崭新的科学理论与工程实际相结合"。强烈的一流意识，推动着麻省理工从初始的一所技术学院发展为世界一流的研究型大学。

第二，预测大学变革方向。如约翰·霍普金斯大学在美国最早建立研究生院教育制度，特曼（Frederick Terman）在斯坦福大学建

---

① 刘念才：《英国高等学校战略规划指南》，《谋划发展，规划未来——教育部直属高校发展规划工作探索与实践》，厦门大学出版社2003年版。

立了美国也是世界上第一个大学工业园区，英国沃里克大学强调引进中青年英才而不是学术大师等。他们都能敏锐地把握时代脉搏，引导时代前进方向。

第三，领导大学战略的制定。大学领导者要深入分析学校外部环境趋势，分析学校竞争形势，科学判断学校面临的机遇和挑战，领导全校师生树立共同愿景，明确大学使命，研究学校学术的、财政的、组织管理的优势和劣势，在此基础上制定出大学战略。该战略必须既能推动大学今天的发展，同时还要为明天参与竞争做好准备，即能使大学发展获取持续竞争优势。同时，大学领导者在战略制定阶段还要将事关大学发展的任务彼此整合起来，作为一个整体来完成，特别是要考虑大学战略与其能力、资源是否相匹配。

第四，战略制定过程更多地是一个自上而下的过程，但战略的执行需要大学中每一个人的努力与配合。故而，大学领导者需要在战略制定过程中听取大家的建议，特别是在战略制定结束后，要广泛地宣传战略，开展有效沟通，使每一个相关人都能深入地理解和认同大学战略。

美国高等教育在经历了 20 世纪 50 年代后期到 60 年代大发展的"黄金时代"后，高校的内、外部环境开始变化，财政危机、生源危机和公众信任危机日趋严重。正是在这种背景下，源于企业管理的战略管理开始在美国高校中出现，也才产生了现代意义上的、作为战略管理者的大学领导者。乔治·凯勒（George Keller）在 20 世纪 80 年代发表的《学术战略：美国高等教育的管理革命》（我国译作《大学战略与规划——美国高等教育管理革命》）生动而深入地研究了这一过程，特别是阐述了大学领导者与战略管理的关系。他认为："每一所学校都应当有一个强有力的领导，以实施良好的管理和规划。这个人应当是校长"。"在所有事情中，特别重要的是，校长必须指明大学的发展目标，制定学校发展战略，做出果敢的决策，为实现学校发展目标配备资源"[①]。

我国从 20 世纪末开始，伴随着高等教育的深刻变革，一些高校的管理中开始出现战略管理的萌芽，并开始产生一批具有战略家思想的大学领导者。华中科技大学从 20 世纪 80 年代开始，在朱九思、杨叔子等几任校长的带领下，依托学校的理工科背景和优势，利用在理工科学术研究和人才培养方面积累的核心竞争力，率先在全国理工科大学中创办文科，并一开始就注重从校情出发，发展具有交叉渗透特征的学科专业，形成了一批颇具特色的优势学科专业。经过 20 多年的发展，华中科技大学的文科建设进展明显，学科布局逐步完善，学术水平有所提高[②]。世纪之交的中国人民大学，校长纪

---

① ［美］乔治·凯勒：《大学战略与规划——美国高等教育管理革命》，别敦荣主译，中国海洋出版社 2005 年版。
② 刘献君：《华中科技大学文科跨越式发展的战略思考》，《高等教育研究》2001 年第 5 期。

宝成和其他校领导从学校的历史、传统和对国家的贡献出发，确立了学校的定位和目标，阐述了"发展是硬道理""大师、大楼、大气""国民表率、社会栋梁"等一系列办学理念，提出了建设"以人文社会科学为主的世界知名的一流大学"的特色化的战略目标，得到了广泛认同，经过五六年的建设，开拓了学校发展的新局面。

二、以实干家的风范，组织大学的战略实施

战略管理的关键在于战略实施。大学的战略实施是借助于计划、方案、预算和一定的程序，实现大学战略和政策的行动过程。战略实施的重点是战略措施的落实，为此，要求"一流大学校长不仅要成为具有战略思维的教育家、管理者和社会活动家，还要成为其办学理念的伟大实践者"[1]。

其一，战略实施必须以强有力的战略执行力作保障。领导者需要根据学校战略，进行组织变革，协调战略与组织能力，协调战略与内部支持体系，协调战略与奖惩制度，协调战略与学校传统、价值观、文化之间的关系，以切实提高学校的战略执行力，促进战略有效实施。

其二，成功的战略制定依赖于卓越的远见、敏锐的行业和竞争

---

① 牛维麟：《世界一流大学校长特征及其启示》，《中国高等教育》2003 年第 22 期。

分析及良好的资源匹配关系，而成功的战略实施则依赖于大学领导者在与他人一起或通过他人工作、资源配置方向、建立和增强竞争能力、推行支持战略的政策等方面都有杰出的表现。

其三，大学领导者在战略实施阶段的具体任务可以概括为：确立战略重点，建立预算以将足够的资源投入到战略重点上；建立一个有竞争力、能力和资源力量的组织，以成功地实施战略；创立一种支持战略的大学文化和环境，战略和文化之间的匹配关系越强，大学领导者就能比较少地依赖政策、规定、程序和监督来规范与强化人们应做什么、不应做什么；发挥带动战略实施所需要的内部领导作用，不断提高战略实施的水平；建立合理的报酬和激励机制，并将其与达到业绩目标、以促进战略实施相联系。

世界上许多著名大学的领导者大都具有如下基本特征：他们大多毕业于知名大学，并且在这些大学担任过教授，都是各自学科的著名专家。这些经历一方面使他们对大学的理念、精神和文化有着深刻的认识，并了解大学的运转机理；另一方面，这些经历还使他们与教师和学生有共同的语言，理解他们的感情，关注他们的利益，特别是在推进大学的战略实施方面能够更加自觉、有效。

1990 年，田长霖到美国加州大学伯克利分校担任校长。当时由于受经济衰退的影响，加州政府给伯克利分校的拨款 4 年间减少了7000 万美元。为此，田长霖以卓越为立校之本，发动了美国高教史上规模最大的公立学校筹款运动，并通过人性化管理、重视本科生教育、加强与中学的联系等措施，领导伯克利分校度过了持续的预算危机，并继续保持着在美国研究型大学中卓越的地位。美国人评价田长霖是"教授、导师、科学家、学术带头人、万能筹款家、牵线搭桥专家、最有能量的亚裔美国人"。这些赞美无疑是对大学领导者作为战略管理实践家的生动诠释。

中国人民大学在新世纪实施特色化战略的过程中，学校领导班子积极倡导"想干事，敢干事；能干事，干成事"。"想干事，敢干事"是指解放思想，敢于超越，干前人、别人没有干过的事，敢担重任，坚定不移。"能干事，干成事"是指深思熟虑，慎重决策，一旦决定就注重行动，注重落实，一抓到底①。"想干事，敢干事；能干事，干成事"的概括，实际上体现了学校领导在战略实施中的实干精神。

三、以思想家的精神，推进大学的战略评估

战略管理的闭环结构和反馈机制，注定了其充满着"反省"的特征，这主要体现在战略评估环节。大学制定的战略实施后，就会产生一定效果，但这种效果是否有益、程度如何，需要进行评估。评估的结果主要用来进行战略控制，同时将有关信息及时反馈到战

---

① 《中国人民大学年鉴（2005）》，中国人民大学出版社 2005 年版。

略制定、战略实施的有关环节，以便对战略管理及时做出修订。

一般来说，战略评估阶段大学领导面临的挑战有两方面，即何时进行调整，以及进行怎样的调整。大学战略根据评价进行适时调整，是为了使战略更多地适应内、外部环境变化与竞争的需要。典型的领导方法是：学校有关部门收集信息，识别选择，做出评价，努力在领导者之间形成共识，推进战略调整。

战略评估再次展示了战略管理的根本性质，即战略分析、战略制定、战略实施和战略评价是一个包含四方面的过程，同时存在很多循环往复的过程，以调整和修正愿景、目标、战略、资源、实施方法，使之在不断发展的过程中相互适合。

哈佛大学这个在当年英国殖民地上最早诞生的高等教育机构之所以长盛不衰，稳居世界一流大学行列，与其历任校长善于把握客观环境的变化、不断推进学校教学制度改革息息相关。1829 年，昆西（J.Quincy）出任哈佛大学校长时大胆推行了选课制。继任校长埃里奥特（Charles. William Eliot）围绕选课制进行了一系列改革。1909 年继任的洛厄尔（Abbott Lwrence Lowell）校长对此进行了修订和发展，形成了今天哈佛大学的核心课程。20 世纪 70 年代，博克（Derek Bok）校长为纠正全面选课制中的问题发动了新一轮改革。他推行的新核心课程计划，既顾及学术的知识面，又使其基础更加扎实和深厚，为世界各地许多大学所效仿。博克在担任第 25 任校长期间继续推行课程改革，彻底解决了哈佛大学以及美国其他大学本科教育在知识爆炸、课程无限扩展当中给予学生必要的、共同的基础知识问题，使哈佛大学成为"美国大学改革的旗帜"。这一具有连续性的战略措施，推动了哈佛大学向世界一流大学领头羊地位的迈进。

中国人民大学校领导在新世纪实施"以人文社会科学为主的世界知名的一流大学"的特色化战略过程中，十分注重战略评估。2004年，在学校"十五"规划实施进入中期阶段之时，学校领导班子适时领导和推进了战略评估。研究生院、发展规划处、教务处先后完成了《中国人民大学学科建设与发展报告》（学科建设白皮书）、《中国人民大学教育事业发展状况报告》和《中国人民大学部分本科专业调研分析报告》，对全校教育事业的发展状况、学科水平、优势和存在的问题以及教学状况进行了深入分析，以学校发展的成绩鼓励全校师生，并就某些问题发出了警告。在这些工作的基础上，学校领导班子连续两年召开暑期工作务虚会，围绕学校在新世纪头几年实施发展战略的成败得失以及未来的战略重点、发展规模、学科结构、发展质量、发展效益等问题，进行认真的回顾与总结，找出了下一步工作的重点和难点，取得了良好效果。

四、大学领导者在战略管理中的使命与角色

伯顿·克拉克（Clark Kerry）在《大学的功用》中概括，多元化巨型大学的校长应是"领导者、教育家、创新者、教导者、掌权人、信息灵通人士"。由此可以看出，传统意义上的大学校长角色已由单一性变为多样性。从上述分析也可发现，战略管理中的大学领导者的职能已十分复杂，其使命可以分为战略家、实践家、思想家三种；而在整个过程中，其角色都体现为领导者、组织者和推进者三个方面，总体上就是大学中的战略管理者（Strategists）。没有战略型的大学领导者，就不可能有成功的大学战略。在这个意义上，"战略型校长"等类似提法是很有道理的。

应当看到，虽然我国高等教育改革与发展的背景、高校管理体制以及文化传统与美国有很大差异，不可能照搬美国的经验与做法，但战略管理的基本理念与措施有相通性，应当也能够为我国大学领导者的管理变革提供借鉴。

大学文化与大学战略管理的关系研究 *

刘向兵　张　琳

在大学战略管理理论研究与实践操作中，大学文化的因素开始越来越为人们所重视。大学战略管理是围绕大学战略制定、战略实施和战略评估三大阶段所开展的管理活动，是保证大学战略顺利执行的过程和采取的行动，是一所大学在一个较长时期内办学指导思想、办学目标以及应对措施的集合。在本质上，它是对大学发展方向及未来环境适应性的把握；在依据上，它是对外部环境和内部环境深入分析与准确判断的结果，因而具有长期性、系统性、全局性。这些特征必然使其与大学文化之间存在密不可分的关系。

＊ 原文发表于《中国高教研究》2006 年第 12 期。

一、大学文化对大学战略管理的推动作用

（一）大学文化的基本理论

什么是大学文化？国内外研究众说纷纭。比较公认的观点是，大学文化是以大学为载体，通过历届师生的传承和创造，为大学所积累的物质成果和精神成果的总和[1]，是大学在长期办学过程中经过历史积淀而逐渐形成的办学理念、精神风貌、学术氛围、规章制度、价值标准、学生风格、大学环境等精神成果和物质成果的总和[2]。

一般认为，大学文化包括精神文化、制度文化、物质文化三个层面。精神文化是大学文化的核心内容，是一所大学独有的、在长期发展中积淀而成的、为数代师生员工所认同并不断对后来者产生重要影响的价值观念、信仰追求、校风学风、道德情操等思想和心理环境，作用于教学、科研、管理、校园生活各个环节，是一所大学文化区别于另外一所大学文化的本质所在。一般人们所说的大学理念、大学精神，就是指大学的精神文化。制度文化是大学中各种规章制度的总和，以及各种规章制度反映的制度理念、形成的制度氛围和通过各种规章制度的贯彻、实施而产生的制度意识、制度心理、制度信念等。物质文化是物化的文化形态，是大学教学、科研、

---

① 赵存生：《大学文化的特点和功能》，《中国图书评论》2002 年第 12 期。
② 严峰：《中国大学文化研究》，复旦大学出版社 2005 年版。

服务社会的物质条件，是大学精神文化和制度文化的物质载体，也是大学综合实力的重要标志。大学的精神文化、制度文化和物质文化三者有机统一、相辅相成、互相影响、互相制约，共同构成了大学文化。其中，大学的精神文化处于核心地位，它影响制度文化和物质文化的形成；制度文化是对精神文化的贯彻和保证，反过来影响精神文化的发展和变化；物质文化是精神文化和制度文化的载体，构成了精神文化和制度文化存在、发展的基础。

（二）大学文化与大学战略管理的关系

大学战略是大学文化的重要组成部分，是大学文化的一种反映。大学战略管理在很大程度上发生于特定的大学文化之中，有什么样的大学文化，就会产生什么样的大学战略，就会形成什么样的战略实施效果。大学文化应该也能够指导、构建大学战略的制定，帮助大学明确其使命、达成其愿景；同时，大学文化应该也能够调动大学的一切积极因素，推进大学战略的实施，成为战略管理的驱动力与重要支柱。

在战略制定阶段，大学文化是战略制定的重要基础。大学的领导者、战略管理者必须充分考虑所在大学特有的文化。战略制定的基础是战略分析，而战略分析的过程，无论是进行内部条件分析还是把握学校的愿景、使命，都要对大学文化进行识别、梳理，都要建立在学校已有文化的基础之上。由于各个大学的办学理念、目标定位和人才培养方向不同，就形成了不同的大学文化。一所大学的文化一旦形成以后，要对其进行变革难度极大。因此，大学战略的制定与大学文化必须相互适应和相互协调。如果不考虑大学自身的文化特征制定大学战略，或者把别的大学行之有效的战略模式不加鉴别、不加调整地搬到自己的学校，势必造成战略实施的困难，甚至引发战略的失败。因而，要想让大学文化服务于战略，制定战略时就必须把文化与战略统一起来，认真分析本校的文化可见载体，找出文化的表征，并纳入战略体系，努力做到因势利导、顺势而为。

在战略实施阶段，大学文化是战略实施的重要保证，又是战略实施的重要手段。战略管理是一个全员参与的过程，大学战略制定后，需要全体成员积极有效地贯彻实施。大学文化是其生命力、凝聚力、感召力之所在。有学者认为，大学文化作为一种集体意识，具有导向、约束、凝聚、激励及辐射等作用。它统一大学成员的意志及欲望，呼唤他们对组织的忠诚和信念，引领其思想和行为朝着明确的既定方向发展，促进战略的实施。共同的价值取向和群体意识具有强大的凝聚力，能使师生员工自觉调整个体观念和价值追求，逐渐融入健康向上的大学集体，思想、行为与大学发展战略保持一致[1]。这就要求大学的领导者一方面要特别注重文化的战略导向作用，一

---

[1] 臧动：《文化与学校文化》，《中国教育报》2005 年 3 月 29 日第 10 版。

切战略行为均与大学的文化保持一致，并在大学文化的约束和指导下进行；另一方面，则要在战略实施过程中加强大学文化建设，用文化强化管理，用文化约束教师、学生和管理人员的行为意识，用文化提升大学的核心竞争力。所以，大学文化既是大学战略取得成功的氛围和保证，又是大学战略实施的内容和手段。

在战略评估和调整阶段，同样离不开大学文化的因素。战略实施的效果如何、出现问题的原因是什么、如何据此对战略制定和实施做出调整，也同样不能忽略大学文化的影响。上述相互关系，可用下图表示。

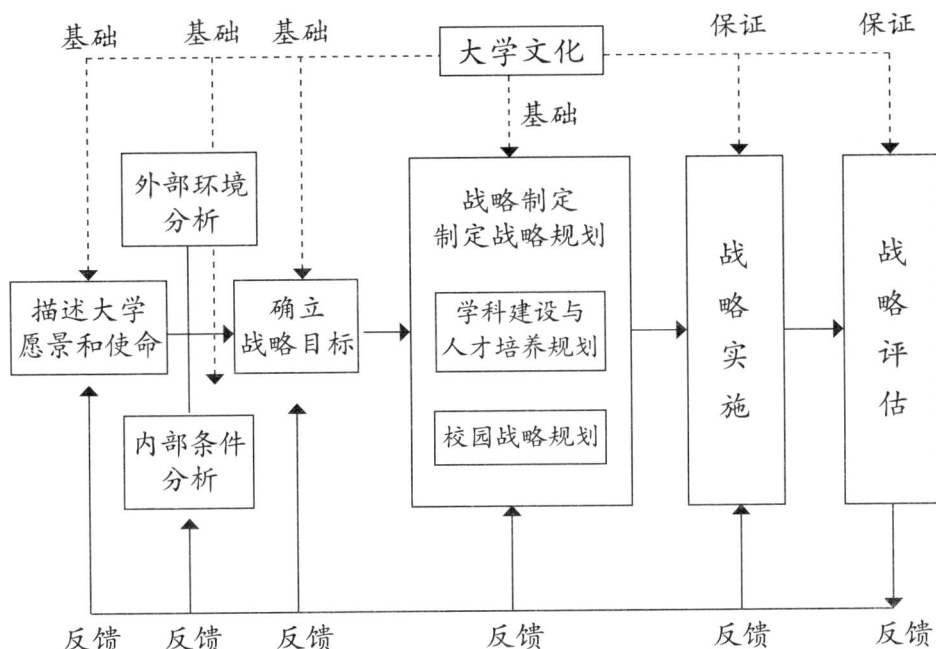

大学文化对大学战略管理的作用

二、大学战略管理引发大学文化的变革

前面的论述主要强调大学战略适应大学文化的情形。事实上，在大学战略管理中还存在一种情况，即大学的战略与大学的文化不尽一致，甚至互相矛盾，而大学战略的推进又势在必行。此时，变革大学文化就成为大学发展和实施战略管理的必然。

美国管理学家洛尔施在研究企业文化与企业战略的关系时指出，文化可以从两个方面阻碍战略管理：一方面，根深蒂固的信念会遮住管理者的视线，使他们经常不能觉察外部条件的变化；另一方面，当特定的文化在过去曾经行之有效时，很自然的做法是在未来仍固守这一文化，即使发生了很大的战略变化也仍会如此[1]。大学文化与企业文化是两种不同性质的文化类型，但两者也不乏相似之处。借用企业文化的理论，就战略与文化的关联性分析，也可将大学文化分为三种形态：一是战略相助型大学文化，即大学文化导向与战略目标相吻合。大学成员的价值观、行为准则与大学战略目标相和谐。二是战略制约型大学文化，即大学文化与大学战略相抵触，成为大学战略实施或战略转变的羁绊乃至发展的桎梏。尤其是当大学的环境发生急速的变化，不得不对现有战略进行调整时，传统的大学文

---

[1] John Lorsch. Management Culture: the Invisible Barrier to Strategies in Large Organization[M].*Sloan Management Review*, Spring 1985.

化往往会成为新战略实施的制约因素。从这层意义上讲，变革的关键在于能否改变传统的大学文化，塑造出与新战略相适应的大学文化。三是战略非相关性大学文化，即大学文化对大学战略无明显影响。

不难看出，大学文化是一把"双刃剑"，既能有益于大学战略的制定与实施，又有可能成为阻碍因素。在后一情况下，大学的领导者、战略管理者就应下决心对所在学校的文化进行变革。

三、实现大学文化与大学战略的匹配和协调

实现大学文化与战略相匹配的措施既可以是象征性的，也需要实际性的。前者包括加强有效沟通，积极、耐心地向全校师生员工讲明变革大学文化的意义，让全体师生员工明确新的大学文化所需要的措施、制度，引导他们按照变革的要求努力工作，嘉奖那些在新的文化所提倡的行动中取得业绩的人员等等。后者包括将学校资源从传统项目中转移到新的战略支持的项目中，提拔、重用一批与新的大学文化相适应的管理者或其他人员，成立与新的战略和大学文化相适应的部门等等。最重要的是，大学领导者要有变革的决心和毅力，行动坚决，持之以恒，领导并指导好文化与战略的匹配和协调，逐步塑造出与新的战略相适应的大学文化。

我国大学长期以来比较强调文化建设，但主要出发点是为了营造适合学生成长的育人环境，而对大学文化之于大学管理的效用认

识得不够。对于刚刚开始尝试战略管理的中国大学来说，大学文化在战略管理中的潜在价值尚未被充分认识。因此，我国大学的战略管理理论和实践需要重视大学文化对大学战略的重要影响，重视大学文化对战略管理的效用，善于构建有利于战略管理实施的大学文化，通过文化的影响与传递作用，将大学的使命、愿景与战略目标内化为全体师生员工共享的价值观，增强大学的凝聚力与向心力，提升大学战略制定、战略实施及战略评估的水平，以不断推动大学的发展。

本科教育质量与
研究型大学核心竞争力的培育 *

刘向兵　　梁敬芝

　　研究型大学的核心竞争力（The Core Competence of the Research University），是指一所研究型大学长期形成的、能使该大学在竞争中取得可持续发展的、建立在其战略性资源基础之上的获取、创造、整合资源的特有的能力[①]。研究型大学在实施发展战略过程中，应当高度重视核心竞争力的培育。

　　已有很多研究成果说明，大学核心竞争力的构成要素是大学的人才培养能力和学术研究能力。研究型大学具有教学、研究和服务紧密结合、以研究为主的特征，其中人才培养的重要性并不亚于科学研究，因而，研究型大学的核心竞争力仍然是由人才培养能力和学术研究能力构成的。由于本科教育在研究型大学中具有基础性地

---

* 原文发表于《谈学论教集——中国人民大学教学改革与发展文萃》，中国人民大学出版社2006年版。
① 刘向兵：《大学核心竞争力概念辨析》，《中国人民大学学报》2006年第2期。

位，所以，提高本科人才培养能力、提高本科教育质量是提高核心竞争力的重要途径之一。本文结合一些世界一流研究型大学的实例，着重阐述提高本科教育质量对研究型大学核心竞争力培育的重要作用。

一、研究型大学核心竞争力培育有关理论

大学核心竞争力是大学发展历史上长期形成的，并已融入大学内质中的能力，是一种"累积性学识"，同时也是该大学区别于其他大学的、难以为竞争对手所模仿的明显特征，即大学核心竞争力也具有有价值、稀有性、难以模仿、无可替代等核心竞争力的特点。

核心竞争力的"培育"（Cu1tivation），是指通过规划和采取一定的方法，例如通过竞争力获取、竞争力扩散和竞争力整合几个阶段，有组织地建立和强化核心竞争力，实现核心竞争力的巩固和稳定。核心竞争力的培育包含两个方面：一是大学没有核心竞争力而努力建立核心竞争力的"从无到有"的过程，二是大学已具备一定的核心竞争力而进一步巩固和稳定的"从有到强"的过程。无论哪种过程，实际上都是对研究型大学发展基础工作的整合、推动。

根据要素能力获取的来源，核心竞争力的培育在理论上讲有三个基本选择：一是完全的内部积累，即大学通过内部积累培养要素能力，并进行整合后形成核心竞争力；二是内部积累与外部获取相结合，以内部积累的要素能力与外部获取的要素能力相结合形成核

心竞争力;三是完全从外部获取要素能力,通过内部整合形成核心竞争力。但是,完全从外部获取培育核心竞争力的要素能力,然后再整合形成核心竞争力的途径,不但在企业中是少见的,在教育领域中恐怕也是不可能实现的。

"基于内部积累途径所开发的核心竞争力更难被竞争者模仿,因为它不仅包含了企业文化,而且是基于全体员工的集体努力。竞争者可能会挖走几个人,但这并不能使竞争者复制竞争力"①,这一观点在大学发展中同样适用。在当前竞争激烈、高等教育活动(包括资源配置)全球化的大趋势下,研究型大学以内部积累方式培育自己的核心竞争力仍是最主要的途径。

二、注重提高本科教育质量是研究型大学应有之义

研究型大学承担着科学研究和人才培养的双重任务,然而,由于社会与学校内部的评估和评价标准导向问题,研究型大学容易产生重科研而轻教学、教学与科研相脱离、本科教育与研究生教育相脱离等倾向,使得本科教育容易成为被忽视的环节。

研究型大学中的本科教育作为学校整体不可分割的一部分,其质量决定着研究型大学的水平。摆正研究型大学本科教育的位置,

---

① Helleloid & Simonin, Orgnizational Learning and a Firm's Core Compentence, The Strategic Management Society, 1994.

给予研究生教育同样的重视，真正认识本科教育在研究型大学中的重要地位至关重要。

从研究型大学的社会责任感来讲，让优秀的生源接受高质量的教育是研究型大学义不容辞的义务。本科教育作为多层次高等教育体系的基础阶段，是学生基础知识和综合素质培养的关键时期。一般而言，本科生更容易对学校产生归属感和认同感。他们之所以更愿意选择研究型大学作为自我深造的摇篮，主要是研究型大学在智力资源方面拥有更为强大的优势，能让他们享受良好的智力资源；跟随杰出的科学家或学者从事研究和探索，更能使他们的知识、能力、素质全方位地得到提高。大学生在本科阶段打下好的基础，掌握了学习和研究的方法，将为一生的发展奠定坚实的基础。"公众是通过本科教育直接认识大学，研究型大学的成败与否完全系于本科教育"[①]。研究型大学能否让国家和社会满意，本科人才的培养质量是关键因素之一。

本科教育是研究型大学可持续发展的关键，本科教育质量是形成"名校"品牌的重要因素。一方面，本科教育处于学校人才培养的先导性、基础性地位，本科教育质量关系到学校的硕士、博士等

---

① Frank H.T.Rhodes. The Place of Teachinginthe Research University [A]. The Research Universityina Times of Discontent [C]. The Johns Hopkins University Press，1994，pp.179−188.

高层次人才的培养，本科教育就好比大厦之基，基础不牢，地动山摇。伯顿·克拉克在《高等教育系统》中提出"双层或多层结构系统则能够在研究生院之类的机构中保护研究工作，是研究生院承担培养高级专门人才教育的职责，并使他与本科生学院的需求区别开来，但同时仍将本科生学院容纳在整个机构之中"[①]，这样既有利于加强本科的普通教育，又有利于加强研究生的高级训练和研究，本科教育的加强为研究生教育提供了良好的生源。如果本科教育办不好，学校的科研、师资队伍、研究生质量都会受到影响，从而影响学校的社会声誉。

教学和人才培养是大学的立校之本，研究型大学更是如此。以美国为例，教授的教学工作量比中国教授的工作量大，每个教授一般每年至少要上4门不同名称和不同内容的课；教授的教学负荷占46.3%，研究工作负荷占32.1%，服务工作负荷占21.6%[②]。在美国，研究型大学是本科教育与研究生教育相结合，以博士生教育为重点。近年来，他们认识到，研究生教育和高水平研究必须以本科教育为基础，必须重新振兴美国研究型大学的本科教育。斯坦福大学对于本科教育的认识反映了美国研究型大学的变革动态。斯坦福大学自

<hr />

① 伯顿·克拉克：《高等教育系统——学术组织的跨国研究》，王承绪等译，杭州大学出版社1994年版，第57页。
② 沈红：《美国研究型大学的形成与发展》，华中理工大学出版社1999年版，第211页。

成立起，就使本科生教育处于核心位置，但随着斯坦福大学从教学型大学向研究型大学的过渡，研究生教学逐步取代本科教学成为大学的核心，本科的教学地位被逐渐削弱。1991 年，时任斯坦福大学校长的肯尼迪在年度报告中郑重提出："大学的双产品（教学和科研）特点一直是大学的一个优势，但是长期以来相对权重移到了科研上，现在是重新强调教学是大学的第一位任务的时候了。从长远来看，社会将根据我们在这方面的表现对我们做出判断……像斯坦福这样的大学可以在科研和教学上都优异"[①]。该校为了振兴本科教学，设置了教学奖并为教学优秀的教师加薪，还成立了研究教学评估的教师专门委员会。1993 年，卡斯帕尔出任斯坦福大学校长。他认为，研究和教学的辩证关系是研究密集型大学的一个重要特性。将研究和大学分开，使大学成为国家单纯进行培训的机构，研究工作全部由科学院承担，这种体制将研究和学生截然分开，就不能最大限度地发挥学生的才能。如果从事教学的教师不直接介入研究，这种研究和教学的辩证关系也是无效的。他大刀阔斧地继续推动本科生教育的改革，任命了一个专门委员会研究本科生教育问题，并设立了主管本科生教育的副教务长[②]。2000 年，汉尼西出任斯坦福大学校

---

① Donald, Kennedy: Academic Duty, Harvard University Press，1997，pp.94-95.
② 俞家庆等：《启迪领导智慧，憧憬大学未来》，载于《学位与研究生教育》2002 年第 12 期。

长伊始就宣布，继续推进本科生教育改革。斯坦福大学充分利用研究型大学丰富的、不可替代的资源，鼓励学生参与到教授的智力探索中去，感受探索中教授情感的变化，体验探索的喜悦，掌握求知方法。

研究型大学的特征，一方面体现在学术领域，是发展基础理论和探索学术前沿的重要基地；另一方面体现在培养研究型人才上，既包括培养研究型的研究生，也包括培养研究型的本科生，将教学与研究结合成一种基于研究的培养模式。比如，麻省理工学院的"本科生研究机会方案（UPOR）"，加州理工大学的"夏季大学生研究计划（SURF）"，耶鲁大学面向新生的"指导研究项目"，纽约州立大学的"大学生研究和创造活动"，等等。据不完全统计，美国有 15 所大学（16%）给所有或 75% 以上的本科生提供参与研究的机会，有 24 所大学（26%）给一半左右的学生提供研究机会，另有 44 所大学（48%）给一部分学生提供研究机会[1]。国内很多研究型大学也在这些方面作了有益的尝试，像中国科技大学的"大学生研究计划"、清华大学的 SRT（大学生研究训练项目）、中国人民大学的"创新杯"学生课外学术科技作品竞赛、北京大学的 SRF（大学生科技创新基金）等，鼓励和支持大学生尽早参与科学研究。这

---

[1] 伍红林：《美国研究型大学本科教育改革新进展——〈博耶报告三年回顾〉解读》。

样就将教学与研究有机地融合为一体，通过教学相长，激发科研灵感和研究欲望，产生新的科研动力。

三、结论及案例

经过上述分析，我们可以尝试得出这样的结论：大学核心竞争力的构成要素是大学的人才培养能力和学术研究能力，而与本科人才培养能力密切相关的本科教育质量在研究型大学中占有重要地位。因此，要培育研究型大学的核心竞争力，就应十分注重以内部积累的方式提高本科教育质量，将其作为培育研究型大学核心竞争力的重要途径。

下表给出了笔者整理的对部分著名大学核心竞争力的一种近似的表述，不难发现各自核心竞争力与本科教育的密切关系。

部分著名大学的核心竞争力

大学名称	核心竞争力
耶鲁大学	致力于本科教育，注重培养领袖
斯坦福大学	人才培养和学术研究中追求"有用"，追求与实业相结合
芝加哥大学	人才培养和学术研究中强调实验态度与求实精神

普林斯顿大学	人才培养和学术研究中追求民主，培养自由、自觉、自律的优秀人才
卡内基·梅隆大学	计算机与信息技术等学科突出的人才培养和学术研究能力，一流的教学质量
牛津大学	为培养"全人"而实施全面发展的教育
中国人民大学	基于学校"实事求是"等优良传统和"国民表率、社会栋梁"培养目标的、人文社会科学领域突出的学术研究能力和高层次优秀人才培养能力（"共和国建设者的摇篮"）
北京师范大学	在教师教育、教育科学和文理基础学科领域的人才培养和科学研究的突出能力
厦门大学	基于"侨、台、特、海"区位优势、人文优势的突出的人才培养能力和科学研究能力

（材料来源：有关大学网站及其他材料）。

耶鲁大学这所世界一流大学在美国第一个设立了哲学博士学位，比哈佛大学早25年建立了研究生院，目前有10个专业学院和一个文理研究生院，研究生人数已超过本科生人数，所有这些办学成果的取得都是在保持本科生教育质量稳居美国前列的情况下取得的。

1847 年耶鲁大学设立研究生部，其初衷仍然是改进本科生教育，让研究生为本科生树立榜样，把新的课程或学科先纳入研究生教学计划，进行实验，成熟后再纳入本科生教学。任何访问过耶鲁大学或读过有关耶鲁大学文献的人，都会不约而同得出同样的结论：耶鲁学院（耶鲁大学的本科生院）是耶鲁大学的核心，本科生教学是耶鲁大学的中心工作。教授们把教学作为大学的第一个感召力，无不认真地投入到本科教学工作中去，由研究生授课的本科生课时数占本科生课时总数的比例在全美研究型大学中属最低之列，远远低于哈佛和斯坦福等校。该校几乎把全部的资源都用于耶鲁学院，而让其他专业学院或专业课程自谋出路，甚至自生自灭。时至今日，耶鲁大学各学院仍有很强的自治性，而耶鲁学院仍占用大学最多的资源。从一定意义上说，耶鲁大学发展的历史就是它竭力保持耶鲁学院核心地位的历史，以至于人们可以毫不夸张地说："耶鲁学院是耶鲁大学存在的理由。"①

　　耶鲁大学对本科教育的重视和对培养领袖的注重，集中体现在它 300 年如一日毫不动摇地坚持自由教育、通识教育的理念上。在该校具有历史意义的 1828 年报告中写着"一个人的优良教育，广阔视野，坚实、典雅的造诣比掌握某些专业技能更重要；大学教育的

---

① The Yale Daily News，The Insiders Guide to the College，1981–1982，p.489.

目标应该是奠定高级教育的基础，而不是专业训练；是获得生活的艺术，而不是谋生。一种彻底的教育的基础工作，必须是宽广的、深入的和坚实的。"几个世纪以来，耶鲁大学一直坚持着这一传统。吉尔马提担任耶鲁大学校长时表示，通识教育的根本意义是"自由"。不仅如此，通识教育还有助于把学生培养成深谋远虑、灵活运用知识、思想坚定、心胸开阔的人和对新事物反应敏捷、对人类进化的传统价值负责的人。其继任者施密德特说："我们千万不能忘记名牌大学的教育不是为了求职，而是为了生活。"要达到这一目的，不能仅教育学生学会一两门具体的本领，而是要教会他们怎样学习和思考。这样做完全出自于对工作完成的满意之情，而不是出自于任何其他的目的。进入 21 世纪，校长列文在其所作的报告《为耶鲁的第四个世纪而准备》中指出："本科实践的核心是通识教育，它培养学生批判性和独立性思维的能力，为学生打下终身学习的基础。一个优秀的本科教学计划不只是培养学生智力，它必须提供个性发展的机会。"①

　　与其他大多数历史悠久的著名大学不同，牛津大学在适应社会的同时，并没有丢掉中世纪时期的大学传统，从而形成了别具一格而又富有成效的人才培养体系。其特色主要体现在四个方面，即学

---

① 列文：《为耶鲁的第四个世纪而准备》，载于《学位与研究生教育》2003 年第 2 期。

院制、导师制、独特的专业和课程设置、丰富多样的课外活动。其中最有价值的是学院制，即大学与学院分工协作，共同培养人才。学院的职责是：选拔本科生，为学生提供住宿、餐饮、公共休息室、图书馆、体育和娱乐设施，负责学生的导师制教学和福利。大学的职责是：确定各学院教学的内容，组织课堂教学、讲座和研讨会，提供图书馆、实验室、博物馆、计算设备等教学资源，选拔、指导研究生，审查研究生论文，组织考试，评阅考卷，授予学位。牛津大学的学生必须在某一个学院注册，成为学院的一员，同时又属于大学。由于所有讲座和课堂教学都是由大学提供的，因此，无论注册哪一个学院，都可以选择学习由大学提供的课程。在人才培养方面，大学的职责是学术性的，而学院的职责则是促进学生的品格发展。纽曼曾分析了大学和学院的职能区别："大学的教学方法是教授式的，而学院的教学方法是导师式的。大学为传授知识而存在，而学院的职能在于发展品格。"[1]正是通过大学和学院作用的相互补充，牛津大学培养出了一代又一代高水平的人才。

毋庸讳言，耶鲁大学、牛津大学独特的人才培养模式经过各自多年的探索，很难被其他大学所复制，其基本思路却极有价值。在大学职能日益多样化和大学教育日益专业化的今天，这些世界一流

---

[1] M.G.Brock and M.C.Curthoys, The History of the University of Oxford.Oxford Press，1997，p.293.

大学始终把本科教育放在重要地位，始终把学生个人的发展放在首位，始终坚持培养全面发展的人才，把人才培养目标定位于培养各方面的领袖，并将本科教育质量的提高当作培育核心竞争力的重要途径。这对于我国的研究型大学培育核心竞争力、推进学校发展应不无启发。

大学核心竞争力构成要素辨析 *

刘向兵

大学核心竞争力（The Core Competence of the University）是指一所大学长期形成的、能使大学在竞争中取得可持续发展的、建立在大学战略性资源基础之上的获取、创造、整合资源的特有的能力。从世界高等教育发展的历史看，许多著名大学都客观地拥有各自独特的核心竞争力，并且依靠其核心竞争力实现了大学的跨越式发展。在当前我国大学的发展中，核心竞争力同样具有十分重要的意义。没有核心竞争力，就不可能有持久的竞争优势；没有竞争优势，就不可能主动适应经济建设和社会发展的需要，也不可能实现跨越式发展，建成世界一流大学或高水平大学。为此，我们首先要厘清大学核心竞争力的构成要素，并在此基础上识别各个大学各自不同的核心竞争力，从而谋划和推动大学的发展。

一、研究的基础及假设

关于大学核心竞争力的概念，笔者曾总结出如下要点：（1）大

---

* 原文发表于《中国人民大学学报》2007 年第 2 期。

学核心竞争力是大学发展历史上长期形成的、已融入大学内质中的能力。大学的核心竞争力同样是一种累积性学识，没有长期的积累，很难形成自己的核心竞争力。（2）一所大学的核心竞争力是该大学区别于其他大学的明显特征，应独具特色，使其具有独特的竞争优势而难以为竞争对手所模仿，即应符合有价值、稀有性、难以模仿、无可替代的核心竞争力特点。因而，大学的核心竞争力是大学差异化的有效来源。（3）大学核心竞争力是建立在大学的学科、师资、无形资产、物质资源等战略性资源基础之上的能力。竞争必然导致资源的占有和配置问题，大学核心竞争力的大小也就取决于对其中战略性资源获取、创造及整合能力的高低。但是，战略性资源本身并不是核心竞争力。（4）由于大学核心竞争力是一种相对于其他能力而言，处于核心地位、支配地位的能力，可将大学核心竞争力理解为"基于战略性资源的能力""整合、协同各种要素的能力"或"支配其他能力的能力"。（5）大学核心竞争力是其长期持续竞争优势的源泉。大学要在竞争的环境中不断发展，就必须识别、培育和提升自己的核心竞争力[1]。

那么，符合这一概念要求的大学核心竞争力究竟是什么呢？借鉴企业核心竞争力构成要素的观点，在对大学诸多关键因素进行分

---

[1] 刘向兵：《大学核心竞争力概念辨析》，《中国人民大学学报》2006年第2期。

析的基础上，本文提出如下假设：大学核心竞争力的构成要素是大学的人才培养能力和学术研究能力。

二、对假设的论述

大学的功能在历史上是不断演进的。早期的大学只有单一的教学功能。近代科学革命和英国产业革命对大学产生了深刻影响。1810年，德国的洪堡创办了弗里德里希—威廉大学，提出了著名的"教育和科研相统一"的办学原则，后来被世界各国大学所接受。从此，人才培养和科学研究成为大学最主要的两大功能。世界上所有高质量的大学都把人才培养放在第一位，同时又高度重视大学的科学研究。美国斯坦福大学前任校长杰拉德·卡斯帕尔（Gerhard Casper）指出："在大学面临的所有挑战中，一个挑战就是发展并维持大学的特色，这使一所特定的大学成为世界学习共同体的一部分。同时，大学要通过自己在学术领域的卓越，通过一定的措施以及现在和过去曾经属于它的人的自豪和忠诚将自己与其他大学区别开来。在很大程度上，一所大学的竞争优势在于一种能力，这种能力体现在对教师和学生多方面的追求给予的鼓励和自由上。"[①]这里所说的能力应该就是人才培养能力和学术研究能力。康奈尔大学校长杰弗里·雷孟（Jeffrey Sean Lehman）也曾说过："成为享

---

① [美]杰拉德·卡斯帕尔：《成功的研究密集型大学必备的四种特性》，《中外大学校长论坛文集（第二辑）》，高等教育出版社2002年版。

誉世界的一流大学，我们应该探寻两个问题。首先要自问有没有出色的学术研究水平，即老师们是否积极进取、富有创造力，学生们是否刻苦努力、才能卓越？其次要自问是否能让公众充分了解上述成就。"①

我国一些学者也对这两种能力与核心竞争力的关系作过论述。纪宝成认为："学科建设的状况从根本上反映和体现学校的办学水平、办学特色、学术地位和核心竞争力"，而"提高学术水平和人才培养能力是学科建设的核心"②。薛进文认为："高水平的学科、高水平的研究成果和高水平的人才，是高水平大学核心竞争力的实质内容"③。一些学者则提出这两种能力中的一种为核心竞争力。例如："从某种意义上来说，大学的竞争就等于学生的竞争。大学的竞争力，最直接的表现就是学生的竞争力。从这个角度看，说学生的培养质量是大学的核心竞争力，是一点也不为过的。"④ "任何一流的大学都必须同时在教学、科研、服务这三个层次上具有竞争优势，其中科研居于核心地位。只有借助于科研创新能力，一所大学才能

① [美] 杰弗里·雷孟：《在北京大学的演讲》，http://www.gotopku.cn/data/detai1.php?id=3438。
② 纪宝成：《科学制订学科规划，大力加强学科建设》，《发展与繁荣人文社会科学》，中国人民大学出版社 2004 年版。
③ 薛进文：《调整学科 凝练方向 加强创新 增强学校核心竞争力》，《南开大学报》2003 年 11 月 6 日。
④ 黄达人：《创新人才培养模式，提升大学核心竞争力》，《中国高等教育》2004 年第 19 期。

获得长期竞争优势，即才能获得核心竞争力。"①

我们可以进一步作如下分析：

第一，从大学固有的能力看，包括人才培养能力、学术研究能力、为社会服务的能力、筹资能力、组织管理能力、后勤保障能力、科技开发能力以及领导能力等诸多方面；但现代大学的功能是培养专门人才、发展科学技术及直接为社会服务，这三项功能是相互联系、相互渗透的，共同构成了现代大学的功能体系。其他功能都从属于这些功能，或不能与这些功能相提并论。其中，培养人才始终居于中心地位；发展科学技术是大学的重要功能，它直接关系到大学培养人才的质量和学术水平的提高。由于核心竞争力是大学能力中居于支配地位的能力，所以，我们不能将核心竞争力的构成要素泛化，在诸多能力中选择人才培养能力和学术研究能力这两种居于支配地位的能力，更接近或符合核心竞争力的内涵。

第二，服务功能是大学学术研究和人才培养功能的延伸。大学的"服务"是有限定的，特别是研究型大学的服务，更强调以学术水平作为服务的主要基础。欧内斯特·博耶（Ernerst I.Boyer）曾说："要把服务看成是学术水平，就必须将服务同一个人的知识的专门领域直接联系起来，与自己的专业性活动联系起来或直接来自于自己的专业性活动……当今世界面临着大量的只有学术界才能提供技

---

① 黄秀兰、邹吉忠：《加强科研工作，提高研究能力，形成和提升中央民族大学的核心竞争力》，《民族教育研究》2003 年第 2 期。

能和远见卓识加以解决的难题。因此，尤其需要如下这种关于学术性服务的观点：理论和实践都服务于并促进人类知识的发展。"[①]

第三，大学与企业一样，就像一棵大树，核心学科是树干和主要的大树枝，其他业务部门是较小些的分枝，最终产品是果实，而核心竞争力则是提供营养的根系。如果仅仅看到竞争对手的最终产品，可能就会看不到它们的真正实力所在，就像只看到树叶而看不到树的强盛一样。从这种意义上讲，大学的产出，如毕业生、学术研究成果、社会服务贡献等均属果实，而不是大学的核心竞争力。借鉴企业核心竞争力"树形"理论，我们绘制出大学核心竞争力的树形图（见图1）。

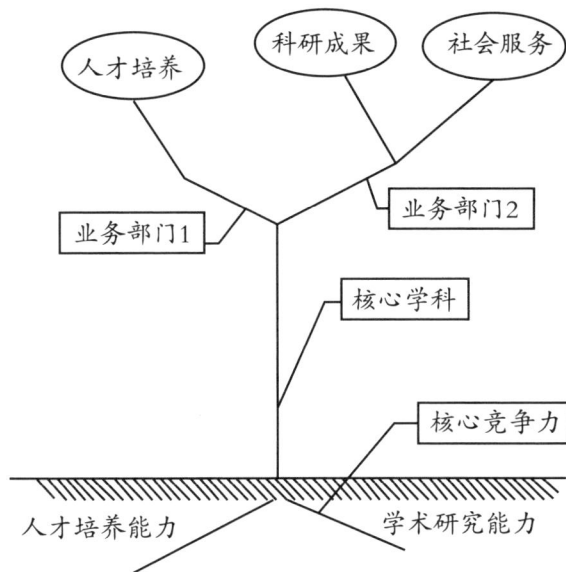

图 1 大学核心竞争力树形图

_____

① 欧内斯特·博耶：《学术水平反思——教授工作的重点领域》，《发达国家教育改革的动向和趋势（第 5 集）》，人民教育出版社 1994 年版，第 29—30 页。

第四，特别需要说明的是，人才培养能力、学术研究能力固然是大学核心竞争力的构成要素，但并非拥有了这两种能力，就拥有了核心竞争力。一所大学只有认真搞好人才培养能力、学术研究能力的培育、开发和提升，有针对性地发扬其优势和特色，使其在大学发展中发挥作用，这两种能力才能成为核心竞争力。换句话说，大学只有对人才培养能力、学术研究能力进行认真的识别、培育、运用和评估，才算树立了核心竞争力理念，才能真正对学校的跨越式发展产生作用。

第五，这两种能力有共性，但在各个大学又有不同的表现形式。这是由于核心竞争力的不可模仿性，具体而言，是不同大学由于大学文化、战略目标、决策体制以及战略性资源等方面的差异导致核心竞争力的路径依赖所造成的。例如，中国人民大学的核心竞争力可以概括为基于学校优良传统（如"实事求是"校训）的人文社会科学领域突出的学术研究能力，以及以"国民表率、社会栋梁"为培养目标的突出的优秀人才培养能力，这是其他学校所无法比拟的。而北京师范大学的核心竞争力则表现为在教师教育、教育科学和文理基础学科领域的人才培养和科学研究的突出能力，这是北京师范大学的"传统保留项目"，也是别人不可模仿的。国内外许多著名大学之所以拥有不同的核心竞争力，就是因为它们在这两种能力方面各自体现出有价值、稀有、难以模仿、无可替代的特点。

三、对构成要素相关概念的辨析

在已有的研究中，我们已经发现许多与核心竞争力有关或者被直接指认为核心竞争力的概念，如办学理念、办学特色、大学制度、大学的战略性资源、学科、师资队伍、大学文化、品牌等等。对这些大学核心竞争力构成要素的"相关要素"，试分别进行简要辨析。

第一，办学理念。办学理念不是核心竞争力，而是核心竞争力发展的导向，规定了核心竞争力的取向，因此与核心竞争力密切相关。这正是人们容易把二者混为一谈的主要原因。"大学理念是指人们对大学的理性认识、理想追求及其所持的大学教育思想观念和哲学观点"[1]，包括学校的使命、愿景、发展战略及人才培养目标等等。没有理念指引的大学实践，是一种盲目的实践；没有理念指引的竞争力，也很难上升为大学的核心竞争力。一般而言，大学的办学理念都是卓越而又独特的，对大学的人才培养和学术研究起着重要的导向与推动作用，为核心竞争力的培育和发展提供良好的环境。表 1 列举了国内外部分著名大学的办学理念与核心竞争力的关系。

---

[1] 韩延明：《大学理念及其相近概念辨析》，《教育发展研究》2004 年第 7 期。

国内外部分著名大学的办学理念与核心竞争力的关系

大学名称	办学理念（愿景、使命）	核心竞争力的近似描述
耶鲁大学	注重人文教育，培养卓越领导能力	致力于本科教育，注重培养领袖
斯坦福大学	"有用"的办学宗旨，教育与实业相结合	人才培养和学术研究中追求"有用"，突出与实业合作及科研开发的能力
普林斯顿大学	民主治校，学生自由、自觉、自律	人才培养和学术研究中追求民主，培养自由、自觉、自律的优秀人才
麻省理工学院	以开创未来的精神，创办一所超过所有大学的学院；科学理论与工程实际相结合	人才培养和学术研究中追求卓越及首创精神，追求理论与实际相结合
卡内基·梅隆大学	以 IT 革命为宗旨，机动灵活，不断创新	计算机与信息技术等学科突出的人才培养和学术研究能力，一流的教学质量

大学名称	办学理念（愿景、使命）	核心竞争力的近似描述
清华大学	行胜于言，求真务实	理工科领域突出的人才培养和科学研究能力（"工程师的摇篮"）
北京大学	学术自由，兼容并包	文科、理科突出的人才培养和科学研究能力（"思想家的摇篮"）
中国人民大学	实事求是，永远奋进在时代前列	基于学校优良传统的人文社会科学领域突出的学术研究能力，以及以"国民表率、社会栋梁"为培养目标的突出的优秀人才培养能力（"公务员的摇篮"）

　　此外，由于办学理念不能直接给人们提供价值需要，因而，尽管它同核心竞争力有着如此密切的关系，但仍然不能归于核心竞争

力。虽然核心竞争力是特有的、独特的，但反过来讲，特有的、独特的并不一定就是核心竞争力。

第二，办学特色。办学特色不是核心竞争力，而是培育核心竞争力的有效途径，是形成和提升核心竞争力的重要路径。办学特色是在大学长期发展过程中形成的，它与核心竞争力相辅相成。一方面，办学特色是核心竞争力的基础，大学只有在发展中强化特色，才能逐步形成其独特的核心竞争力，才能完成对核心竞争力的培育和运用；另一方面，办学特色是核心竞争力的结果，正是核心竞争力得到培育、运用和提升，一所大学的办学特色才能逐步凸显出来、稳固下来。办学特色与办学理念类似，同样不能直接给师生员工提供价值需要，而必须通过大学具体的行为间接地起作用。因此，无论办学特色与核心竞争力的关系有多密切，也无法归为核心竞争力。

第三，大学制度。大学制度不是核心竞争力，而是核心竞争力培育和运用的环境与手段。一般认为，成功的大学制度的核心是"大学自治"和"学术自由"等，在我国大学主要体现为决策机制、学术权力与行政权力的和谐及党政协调机制等等。正是这样的大学制度，孕育、孵化、催生了大学独特的核心竞争力，提升着大学的人才培养能力和学术研究能力。所以，大学制度是影响核心竞争力的关键因素，但并不属于核心竞争力本身。

在已有的研究中，大学制度之所以也被当作核心竞争力，是因为人们大多从制度经济学"制度是关键"的命题出发来认识制度问题。在我国大学发展的实践中，大学制度确实是发展的"瓶颈"问题，因此，解决它显得十分迫切。事实上，建立现代大学制度仅仅是为培育核心竞争力扫除了制度障碍，提供了重要的环境和手段。现实中亟待解决的问题，并不意味着就是核心竞争力。

人们一般把办学理念、办学特色和大学制度都归结为大学文化的内容，那么，大学文化显然也不是核心竞争力，但与核心竞争力密切相关。

第四，战略性资源。战略性资源不是核心竞争力，而是大学核心竞争力形成的重要基础。战略性资源是指在大学中能够被感知和测量的、具有核心优势的各种资源的总和，包括学科资源、人力资源、物质资源和无形资产等。大学在培育核心竞争力的过程中，固然需要战略性资源，但这些"静态"的资源本身并不能直接形成竞争力，战略性资源是需要被使用、整合的。只有建立在战略性资源基础之上的获取、创造、整合资源的能力，才能成为核心竞争力。例如，有些大学或者拥有独特的区位优势，或者与政界、企业界有特殊的密切关系，或者拥有一些特殊的垄断权等，这些资源均非核心竞争力，只是核心竞争力形成的基石。它们一旦被引入大学的教学和科研工作，并发挥出较大作用，就成为大学核心竞争力的坚实基础，使得这些大学的核心竞争力具有自身的独特性和不可模仿性。

在诸多重要的战略性资源中，学科、师资队伍及大学品牌与核心竞争力的关系，也值得进一步明晰。

第五，学科。学科不是核心竞争力，而是核心竞争力的重要载体。一般认为，学科是一个资源共同体，由三类资源（学者、学术信息和学术物质基础）有机结合起来；是科学范式在大学的具体体现；是包含行为规范、价值观、信息、物质技术基础和人才的组织；是大学知识创造、人才培养和社会服务的基本工作单元与工作载体①。大学是进行人才培养和学术研究的地方，学科水平的高低在很大程度上决定着这所大学竞争力的高低。一流的大学一般都具有一流的学科资源，其中部分学科具有明显的竞争优势，为其他学校所无法比拟，如清华大学的工程类学科、中国农业大学的农学类学科、中央民族大学的民族学等等。无疑，所有概念中，学科与核心竞争力的关系是最为密切的，因而，本文也认为大学的核心竞争力具有"学科相关性"，并试图用"学科能力"或"学科建设能力"来概括大学的核心竞争力，但是，"学科相关性"并不等于就是"学科"。

"学科建设"概念在国外大学研究中很少使用，并且为社会公众所

---

① 邹晓东、黄争舸、陈劲：《基于学科核心能力的学科组织创新》,《科学学科研究》2004 年第 4 期。

难以理解。基于国内外比较研究和用户价值性的考虑,本文最终以"人才培养能力"和"学术研究能力"来概括大学核心竞争力的构成要素。

第六,师资队伍。师资队伍并不完全等同于核心竞争力,而是核心竞争力的创造主体和承载者。大学成功之关键在于拥有一支高质量的师资队伍,核心竞争力的识别、培育、运用和评估,无一不需要教师的参与和推进。可是,资源本身并非核心竞争力,只有通过管理和整合才能转化为能力。师资队伍只有在提高人才培养能力和学术研究能力的动态过程中,才能体现出核心竞争力来。现实生活中有这样的例子:有些大学虽然拥有水平较高的师资队伍,但学校的激励机制不当,教师管理松散,以至于人才培养和学术研究水平始终上不去,结果并未形成学校的核心竞争力。

第七,大学品牌。大学品牌不是核心竞争力,而是核心竞争力的表现方式。品牌是大学重要的无形资产,与核心竞争力有"名"与"实"的相关性,但二者并不等同。大学核心竞争力综合体现在大学品牌的影响力和控制力上,但核心竞争力并非一种资产,而是一种能力。无论对企业抑或大学,品牌都不应被看作是核心竞争力,但品牌应该展现出组织的核心竞争力。

第八,某些相关优势。这里主要是指大学的整体优势、大学的比较优势以及某些个人的竞争优势。大学的整体优势并不等于核心竞争力，因为即使一所大学没有整体优势，也可以通过少数几个关键领域而取得跨越式发展，成为一流的大学，最典型的如卡内基·梅隆大学、伦敦政治经济学院等。大学的比较优势也不等于核心竞争力。比较优势是指与其他大学相比的优势，更多带有外源性、暂时性的特征，而核心竞争力是大学内在的支撑力和持续的竞争优势。同样，个人的竞争力也不是大学组织的核心竞争力。大学的核心竞争力是整体资源和能力的一种整合，是买不来、带不走的。因此，无论是大学领导者还是教师，单个人才都不是大学的核心竞争力。在实际操作中，我们应该注意把个人的竞争力转化为学科的优势和梯队的优势。例如，大学校长的卓越能力怎样变成大学的制度优势，一流教授的能力怎样变成学术梯队的优势。

四、结论及模型

结合文献综述、比较分析和排除法等研究方法，在上述辨析的基础上，本文构建了大学核心竞争力构成要素模型，实际上也是大学核心竞争力的结构模型、识别模型（如图2所示）。

从模型看，一方面，一所大学卓越的办学理念、独特的办学特色、良好的大学制度等，共同构成大学文化，对核心竞争力起着发展导向、形成路径、环境支持等作用，是大学核心竞争力形成、培育和运用的原动力。这正是大学的核心竞争力与其历史、传统、特色、

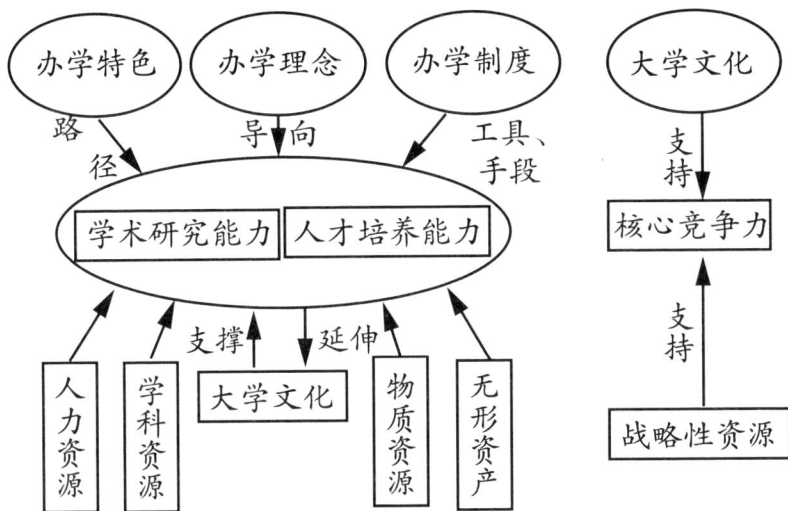

图 2   大学核心竞争力构成要素模型

校风、校训等因素密切相关，以致常被混为一谈的原因，也是大学核心竞争力难以模仿、转移的原因。另一方面，大学丰富的学科资源、人力资源、物质资源和无形资产，共同构成大学发展的战略性资源，对核心竞争力起着重要的支持、保障作用。其中，人力资源是核心竞争力的创造主体和承载者，学科资源是核心竞争力的重要载体和工作单元，大学的社会服务能力、科研转化能力、筹资能力等，则是核心竞争力的支撑或延伸。这些相关因素尽管不是核心竞争力本身，但对核心竞争力的培育和提升均有着重要作用。任何一种相关因素的缺失，都有可能导致核心竞争力形成的困难。

从模型可以看出，核心竞争力的培育和提升是一个复杂的系统工程，是一项长期、艰巨的任务，既不可能一蹴而就，也不可能照抄照搬，更无捷径可循。大学核心竞争力的打造，需要按照科学的路径，举全校之力，标本兼顾，埋头苦干，持之以恒。

试论高等学校提升国际性战略 *

刘向兵　　伍　聪

当前，在推动世界一流大学和高水平大学建设的历史进程中，许多高校都把提升国际性作为一项重要举措，中国人民大学等高校明确提出了实施提升国际性战略。笔者认为，提升国际性是一项事关高校整体发展的系统工程，涉及高校建设发展方方面面和中长期发展规划，仅仅使用一般性的措施和管理方法难以达到整体目标。因此，有必要把提升国际性作为一种战略，使用战略管理的理念和方法，全面、系统地推进提升国际性的全过程。

一、高等学校提升国际性战略的界定

高等学校的战略类型内容丰富、形式多样，一般将其分为两类，即竞争战略和发展战略。竞争战略的核心是如何建立并加强学校的竞争优势，通过自身优势取得学校发展，主要包括成本领先战略、

---

* 原文发表于《中国高教研究》2009 年第 4 期。

差异化战略和集中战略。而发展战略强调的是如何充分利用外界环境中的机会，避开威胁，充分发挥和运用学校内部资源，以求得学校的发展，主要包括提升国际性战略（多数研究者称之为"国际化战略"）、综合化战略及稳定型战略。严格来讲，竞争战略和发展战略的区分并不十分明确，二者互为补充、相互联系。战略本身就是组织之间竞争的产物，任何发展战略，都必须以竞争取胜，以重点突破带动整体发展，变学校的比较优势为竞争优势，真正确保发展目标的实现。

本文研究的是发展战略中的提升国际性战略。提升国际性战略，是基于这样一个观点，即高等学校应当向世界开放，知识将在更大的范围内传播，在跨国家的互动中日益增加，高等学校将会更多地受到世界性因素的影响，"无论是从国家命运还是从高校自身命运来说，高校都不得不应对新的时代带来的关于提升国际性的挑战"。同时，它不仅是指高等学校发展环境的变化，而且也呈现高等学校内部发展的特征。就提升国际性战略的含义，目前大致可分为"方法说"和"过程说"两大类。所谓"方法说"主要是从各种各样的具体活动出发来界定提升国际性战略，这些活动主要包括课程的改革、人员的国际交流、技术援助、合作研究等方面。所谓"过程说"，则是把国际性看作是将国际的维度或观念融入到高等学校的各主要功能之中的过程，比如将国际的、跨文化的、全球的观念融合到高等学校教学、科研和社会服务的全过程中。笔者认为，提升国际性战略，要求高校的教学、科研、社会服务、文化交流等全面提升国际性，达到国际水平，参与全球化竞争，通过在竞争中的合作、合作中的竞争，以主动扩大开放来促进学校的建设。它强调的是充分利用外界环境中的各种机会，学习和汲取国外资源，争取国内、国际两种资源，进一步提升办学质量、拓展发展空间、增强竞争实力、提高办学水平。

二、高等学校实施提升国际性战略的必要性

高等学校提升国际性战略的内容日趋丰富和多样化，其举措包括学生的国际交流、教师的国际交流与合作、课程体系的国际性等等。目前，我国高校已经认识到提升国际性的重要地位与作用，并进行积极的实践探索，也取得了一些成果。那么，我国高校为什么必须把提升国际性上升为一项战略，要用战略管理的思维和方法指导、推进提升国际性的全过程呢？

第一，实施提升国际性战略，是改进高校现有的管理模式、整体提高工作成效的必然要求。在高等学校，与战略管理相对应且有密切关系的管理模式，主要包括操作管理、目标管理、日常管理等。操作管理较多关注管理的某个方面和环节，相对而言是比较具体、单一的管理；目标管理主要着眼于组织本身的行动成果，而不关注

组织与环境的关系；日常管理强调为常规工作所采取的制度性、规范性的行动，而经常忽略创新和变革。战略管理既是一种管理思想，也是一种管理方式，包括战略制定、战略实施和战略评估三个阶段，是一种全过程的管理，一种循环复始、螺旋式上升、动态的总体性管理，具有全局性、长远性、系统性。而高等学校提升国际性是一项复杂的、长期的系统工程。正是由于上述特性，高等学校提升国际性，最终可能要选择战略管理这一更为适合的管理模式。需要强调的是，战略管理与操作管理、目标管理等虽有所不同，但又有密切联系。实施提升国际性战略，并不是要取代操作管理、目标管理或日常管理，而是在战略管理框架下，实现各管理方式的有机整合，即在学校层面上以战略管理为总体管理模式，而在部门、学院层面上充分发挥操作管理、目标管理及日常管理的优势，整体形成提升国际性的管理合力。

第二，实施提升国际性战略，是适应外部环境急剧变化、应对高校间激烈竞争的必由之路。"全球化浪潮和知识经济影响到社会生活的各个层面，整个高等教育的生存环境和发展环境发生重大变化；高校不再只是回应本国的和传统的要求，同时还要回应国际竞争和知识经济带来的新要求。"在这样的背景下，传统的管理形式很难建立起一个更具适应性的反应系统，而战略管理作为动态的、总体性的管理方式，可以促进组织与环境之间形成良性配合，使学校的能力与环境要求相匹配，也就使学校有了更强的适应性。将提升国际性作为战略，就是要在激烈的变化和竞争中，开展有效的战略管理，集中精力迎接环境变化带来的机遇和挑战，更好地构筑并增强自身核心竞争力，进一步提升办学实力和水平。

第三，实施提升国际性战略，是整合学校力量全面参与、优化配置资源的重要保证。高等学校提升国际性是一项长期的系统工程，必须整合学校力量、集中优势因素，全面参与、全力以赴，才能取得整体性进展。另外，提升国际性战略又能够对学校未来发展提供系统的、超前的分析和思考，为学校的发展提供明确的战略方向和目标，使学校将有限资源运用于提升国际性的一些战略性、关键性的阶段和领域，"有所为，有所不为"、"有先为，有后为"，分步骤、有重点地落实各项战略措施，采取准确的战术行动，以保证在不断取得阶段性成果的同时，稳步实现提升国际性的战略目标。

三、高等学校实施提升国际性战略应正确处理的关系

高等学校提升国际性的发展战略是推进我国高等教育走向世界，不断提高办学水平，形成持续竞争优势，建设世界一流大学和高水平大学的重要选择。提升国际性战略既要重视教师交流、学生交流、国际合作、学术研讨等传统措施，更要重视在培养目标、课程设置、教学方法、办学机制、环境氛围等方面不断增加国际性元素、形成

国际视野和理念。为此，要求我们在提升国际性战略实施过程中特别注意处理好以下三个方面的关系。

第一，指导思想上，要正确处理国际性与民族性的关系。提升国际性战略需要明确的指导思想和准确的定位，这就要求处理好国际性和民族性的关系。民族性是高等教育多样化的源泉，由多样性产生的文化互补也是高等学校提升国际性的基础。因此，没有高等教育的民族性，就不存在真正的高等教育国际性，也就不可能形成各个国家高等教育的独特性。高等学校的国际性必然要求承认世界文化的多元化和多样性，提升高等学校国际性的过程就是不同国家高等学校相互学习、文化融合的过程。处理好国际性与民族性的关系，就是既要积极学习国际上先进的高等教育模式，充分吸收宝贵的教育实践经验，同时又要坚持自身的文化传统，从而积极做好中华优秀文化走向世界的推介工作。正是在这个意义上，笔者不大赞同目前使用较多的"国际化"概念。其实，关于这个"化"字并没有某个标准。无论是美国、欧洲，还是日本，高等教育都是各有特色的，"国际化"如何去"化"呢？又"化"到哪儿去呢？高校增强国际性应以开放性的增强为尺度，如果片面地学习和仿效某种文化，忽视其他文明的光辉和自己的文化宝库，其结果只能是走向开放的反面，也是走向封闭的另一种表现形式。这是我们必须警惕的。

第二，战略推进上，要正确处理战略规划和具体工作的关系。

高校的战略规划是学校具有前瞻性、全局性的发展计划。高校的发展既需要愿景，也需要规划、需要战略。每一项具体工作只有在规划或战略的统一指导下才能少走弯路，有效地实现既定目标。耶鲁大学在全球性大学建设进程中，在国际化目标上，它坚持高起点、高定位，培养领袖人才；在国际化策略上，它坚持质量优先、规模控制和突出重点的原则。这给国内高校制定并实施提升国际性战略提供了很好的示范。当提升国际性成为一种战略，可以使学校的总体发展思路更为明晰化、具体化，使国际性的战略目标得到具体的落实和实施；当提升国际性成为一种战略，有助于通过提升国际性的方案和措施的比较研究，趋利避害，科学部署，选择最佳的实施路径；当提升国际性成为一种战略，有利于协调高等学校内部各层次、各部门的关系以及学校与外部的关系，使复杂的相关因素达到平衡，使其围绕国际性的思路进一步提升学校发展的整体效益。此外，我们也要认识到，具体工作是战略规划的基础，战略规划是具体工作的导向，二者相互关联、相辅相成。如果只有战略规划，而实际工作中没有具体措施或操作办法去落实、推进，最终战略实施将归于失败。

第三，战略过程中，要正确处理战略制定、战略实施与战略评估的关系。任何一所高校实施战略管理，都是在分析学校外部环境和内部条件的基础上，选择和确定学校的战略目标，并针对战略目标进行谋划、决策和落实，同时进行评估与控制的动态管理过程。一个成功的战略管理就是围绕学校战略制定、战略实施和战略评估三大阶段所开展的管理活动，三大阶段互相联系、相互约束，形成一个闭环的全过程。

具体而言，战略制定是提升国际性战略的基础，它明确了学校提升国际性的发展愿景、使命和目标；战略实施是提升国际性战略的关键，它决定了提升国际性的路径、方法、程序及保障措施；而战略评估是提升国际性战略的重点，评估的结果主要用于战略控制，通过结果的反馈，发现战略实施中存在的问题，并及时做出修订和调整，使提升国际性战略在动态的环境中与时俱进。实施提升国际性战略，必须注重战略制定、战略实施与战略评估三个阶段的相互联系、逐步推进。

综上所述，提升国际性战略是高等学校提升办学实力、增强国际竞争力的重要途径。提升国际性战略是一个长期、连续的动态发展过程，有必要结合校情和国情理性思考，使用战略管理的模式逐步推进。在提升国际性过程中，只有大胆实践，勇于创新，才能找到解决各种矛盾的途径与方法，进一步提高办学实力和水平，在建设世界一流大学的历史进程中实现新的跨越。

参考文献

[1] 纪宝成：《关于提升大学国际性的思考》，《光明日报》2008 年 11 月 4 日。

[2] 纪宝成：《关于增强大学国际性的几个问题》，《大学校长视野中的大学教育》，中国人民大学出版社 2005 年版。

[3] 李立国：《高校特色化战略研究》，《北京教育（高教版）》2006 年第 2 期。

[4] 穆旭：《关于推进高校国际化进程若干问题的思考》，《沈阳教育学院学报》2008 年第 2 期。

[5] 李联明、朱庆葆：《耶鲁大学建设全球性大学的理念与策略》，《清华大学教育研究》2007 年第 4 期。

如何建设世界一流大学 *

刘向兵

搜狐教育主持人：各位观众大家好。今天，我们搜狐教育盛典很高兴地请到了中国人民大学校长助理、学校办公室主任刘向兵教授，谢谢您的光临。您这是第一次来到搜狐教育盛典吗？

刘向兵：是。搜狐教育频道举办这样一个活动也很多年了，我认为是非常有意义的。特别是今年，我们新中国发展这么多年，高等教育体系也经历了迅猛的发展。在这样一个过程中间，涌现出一批教育家、知名的教育人物，他们对我国教育发展付出了很大的努力。所以，我们今天对他们进行一个评选，对于全社会提高对教育的认识、对教育在国家发展中的作用的认识，特别是认识一些著名的教育人物、教育家是非常有帮助的。

---

* 此文是作者于 2010 年 1 月 31 日参加搜狐网、搜狐教育频道联合主办的"60 年，见证教育大国崛起"搜狐教育年度盛典暨中国教育成就奖颁奖典礼时，接受搜狐教育主持人采访的实录。

搜狐教育主持人：您刚才提到迅猛发展。您肯定也注意到，新中国成立60多年来，高等教育的规模现在已经位居世界第一了。很多人就会想，高等教育会不会也像九年义务教育一样得到全民普及？

刘向兵：应该有这样一个趋势，新中国成立60多年来，特别是改革开放以后，经过世纪之交的全方位变革，我们国家对高等教育得出了这样一个结论：它已经进入到了大众化的发展阶段。我想，像义务教育一样，高等教育的普及，是人民群众希望做到的一件事情，政府也在大力地推进这个事情。我们对这件事情是比较有信心的。

搜狐教育主持人：人民大学在这个过程中的定位是怎么样的？

刘向兵：我们学校领导为人民大学提出的建设目标是"人民满意、世界一流"。我们要像其他一些高校一样建成世界一流的大学；同时，我们这个大学还要努力做到让人民满意，这是我们学校的办学宗旨，就像我们学校的标志体现出来的一样，人民为本，培养人民需要、人民满意的人才，培养大批社会发展需要的人才。

搜狐教育主持人：您刚才提到世界一流，现在的人民大学跟世界一流有差距吗？差距在哪儿？

刘向兵：这个问题是这样的，中国的高等教育体系可以说在这几年经过了迅猛的发展，我们已经是一个高等教育的大国，但是离高等教育的强国还有很大的差距。我们政府做出的决策，是要建成一批达到世界水平的高等学校，这也是做强中国高等教育的战略之路。我想，中国的大学在这方面遇到的共同的不足是一样的。首先是国际性的问题：我们虽然有很多的科研成果，但是否能够为国际社会、为国际学术界所认可？被人家所承认？同时，我们培养的人才是不是国际通用的人才，能够在世界未来的发展中发挥世界领军作用？这也是我们的差距。我们的科研成果，不管在自然科学领域还是在人文社会科学领域，能不能都引领世界发展的趋势、潮流？在这方面，我们还有很大的差距。

搜狐教育主持人：我们会采取哪些措施来缩小这些差距？

刘向兵：我想，主要的措施是这几个方面：第一方面，需要努力提升我们高等教育的国际性，也就是要让我们在科研方面，无论是自然科学领域还是人文社会科学领域普遍地"走出去"，让世界的科技界、自然科学领域和人文社会科学领域能够普遍地认可我们的成果。在这样的过程里面，让大家知道不光有中国制造，而且有中国创造，有中国思想。这些东西能够为大家所接受、所认同。这是一个方面。

第二方面，我们的大学还要努力地去苦练内功，要进一步提高自己的人才培养水平，提升自己的科学研究水平，提升自己的创新水平。这是和世界一流大学相比比较大的差距。

第三方面，中国的大学要建成世界一流，还要努力地弘扬我们的民族性。在世界强国之林里面，中国的教育崛起更多的还需要我们优秀的传统文化，使优秀的传统成果得到认可。我们经常讲到，只有民族的才是世界的。我们不能人云亦云。只有把我们自己民族优秀的传统文化、优秀的精神弘扬出去，让世界各个方面都认可，中国的大学教育才会崛起。这些方面的努力，实际上是让中华儿女在这样一个过程中更多地领略到自己文化的博大精深；同时，也让世界、让外国的各个方面都知道中国文化的博大精深。这是一方面的努力。另一方面，我们人民大学作为一所以人文社会科学为主的大学，正努力推动整个社会高度认识人文社会科学的作用。这几年，我们感觉到人文社会科学的地位在我们国家在逐步提升，它的作用在逐步得到认可。这也是人民大学一个方面的努力。包括我们建设世界一流大学，是希望建成以人文社会科学为主的、有特色的大学。这样，我们才更有可能在国内、国际众多的大学里面体现出自己的特色、自己的作用。

搜狐教育主持人：您觉得人民大学什么时候能够建成世界一流的大学？

刘向兵：大家已经看到，中国在世界强国之林的发展情况大大超出了我们的预想。现在，中国在世界上已经赢得了非常重要的地位，赢得了世界各国不能不重视的地位。从这个角度来讲，我觉得我们国家建设世界一流大学的进程可能会比我们预想的要快一些。我想，北大、清华也许会在未来的 10 年，而人民大学预期是在 10 年之后建成世界公认的一流大学，进入这样一个行列。

搜狐教育主持人：我们期待共同见证这 10 年间，中国有一批世界一流大学成长起来。到那个时候，欢迎您再来出席我们的搜狐教育年度盛典。谢谢您，再见！

刘向兵：谢谢。

大学战略管理的视角：
校史研究的组织、推动与创新 *

刘向兵　　万　静

近年来，许多高校为提高管理水平、提升核心竞争力，逐渐开始把战略管理的思维和方法引入到大学的管理实践中。大学战略管理就是大学为了长期的生存和发展，在充分分析外部环境和内部条件的基础上，确定和选择学校的战略目标，并针对目标的落实和实现进行谋划，进而依靠大学内部的能力将这种谋划和决策付诸实施，以及在实施中进行评估和控制的一个动态管理过程[①]。作为大学管理的一项基础性工作，校史研究工作同样可以引入大学战略管理的理念与方法。正如中国人民大学纪宝成教授所说："战略管理对大学而言，不仅是一种理论与管理模式，更是一种领导方法、思维方法与工作方法"[②]。用大学战略管理的理念与方法来推动校史研究工作，

---

* 原文发表于《中国人民大学教育学刊》2011年第3期。

① 刘向兵、李立国:《大学战略管理导论》,中国人民大学出版社2006年版,第7页。

② 纪宝成:《大学战略管理导论·序》,刘向兵、李立国:《大学战略管理导论》,中国人民大学出版社2006年版, 第3页。

就是要站在战略的高度认识校史研究工作的重要意义，以战略的眼光制定校史研究规划，以战略管理的方法推动校史研究工作的开展和执行。

一、用大学战略管理的思维认识校史研究工作的重要意义

战略管理的思维是一种长时段的整体思维，它要求管理者站在大学发展的宏观层面上看问题、想问题，而不计一时一地的得失。用大学战略管理的思维认识校史研究工作的重要意义，就是要认识到校史研究工作对大学治理、大学文化建设乃至于大学发展的重要意义。这种意义是贯穿一所大学所有历史进程的。

什么是大学？怎么样的大学才能称得上好大学？如何办大学？如何办一所高水平乃至于世界一流的大学？这些恐怕是每一位大学领导者、管理者都在不断思考和探索的问题。校史研究工作不仅是办大学的题中之义，而且更为重要的是，它有助于我们回答上述问题，使大学领导者和管理者更加清楚地认识大学本身，有助于办大学，更有助于办好大学。

大学之所以称为大学，除了在人才培养、科学研究、社会服务和文化传承等方面的功用之外，更关键的在于，它是一种独特的文化存在和精神存在。大学正是因某种程度上的崇高而存在。从这个意义上讲，包括大学精神、大学传统在内的大学文化就显得极为重

要，而培育和建设大学文化的意义也就不言而喻了。"欲知大道，必先为史。"校史对于学校的重要性，如同国史之于国家。没有国史，国家就会缺少根基、失去灵魂；没有校史，学校亦无从寻觅其精神故乡，无法从中获得经验、汲取力量①。校史研究工作作为大学本身的一项文化建设工作，在存续大学历史、培育大学文化、弘扬大学精神等方面有着不可替代的作用。尽管校史研究工作本身并不能直接创造大学精神，但它是大学精神的载体并引导大学精神的发展。可以说，校史研究工作是一种"精神变物质"的活动，是一所大学寻找大学精神、积淀大学传统的过程，是一项承上启下、继往开来、服务当代、有益后世的重要文化工程。

大学战略管理的理论告诉我们，大学战略管理对大学发展的作用主要有多个方面，其中一项就是增强管理者的历史责任感，培养战略家。这种所谓的"历史责任"得益于管理者的自我认识，但更重要的是来源于校史和学校精神对其潜移默化的影响。所以，就大学战略管理和校史研究工作的关系而言，一方面，运用大学战略管理的方法可以更好地推动校史研究工作的开展；另一方面，校史研究工作的顺利开展也有助于推动大学的战略管理。

总之，要站在战略的高度充分认识校史研究工作的重要意义。

---

① 纪宝成：《"中国人民大学校史研究丛书"总序》，《大学的探索》，中国人民大学出版社 2010 年版，第 571 页。

不仅校史研究工作人员要自觉地认识到这一点，增强自豪感、责任感和神圣感；学校的领导者、管理者更要充分认识到这一点，要给予校史研究工作足够的重视和支持。中国人民大学一贯重视校史研究工作。早在20世纪60年代，吴玉章老校长就号召"大家来写校史"，并认为要"把它作为'传家宝'代代相传，教育后代"①。此后，历届校领导都高度重视校史研究工作。

二、用大学战略管理的方法推动校史研究工作

有人说，大学战略管理是一种管理思维，而校史研究是一种科学研究，用管理的方法来推动校史研究工作，可行吗？答案是肯定的。

（一）以战略的眼光制定校史研究规划

战略管理首先就要明确战略愿景，然后制定战略目标，最终形成发展战略。大学愿景是大学战略的纲领性指南，就像灯塔，指引着前进的方向。

发展战略可以指导一段时间内的工作。每所大学都会制定各自在一个阶段、一个时期的发展战略。校史研究工作作为学校管理工作的一部分，与人事工作、财务工作、档案工作、校友工作等基础性工作一样，是学校健康运行的保障，包含在学校的大战略之中，

---

① 吴玉章：《大家来写校史》，《吴玉章文集》，重庆出版社1987年版，第560—564页。

并且自觉地为学校的整体战略服务。同时，校史研究工作作为一项独立的工作，也应该制定自己的发展战略。因此，校史研究工作战略的制定应该在学校整体战略的大框架下，根据当前及今后一段时间内的校史研究工作实际情况，做到既有挑战性，又有现实可行性，既有相对稳定性，又兼顾动态性。

中国人民大学非常注重战略的制定，在新世纪之初就制定了"10年基础、10年腾飞"的发展战略。在这一发展战略的推动下，中国人民大学在新世纪的头10年实现了快速发展，校史研究工作也取得了长足进步。2008年，为进一步推动校史研究工作的开展和校史知识的普及，中国人民大学制定了《校史研究规划纲要（2008—2010年）》，并作为该学年1号文件印发全校。该规划分为校史研究的指导思想和总体目标、校史研究的主要任务、实现校史研究目标的保障三部分，在分析校史、校情的基础上，立足于校史研究工作的现状，对未来3年的校史研究工作进行了系统的规划。可以说，该规划就是关于校史研究工作的一个典型的战略规划方案，科学、合理地组织并推动了校史研究工作的顺利开展。2011年，中国人民大学在前3年的基础上，又制定了《校史研究规划纲要（2011—2015年）》。

（二）以战略管理的方法推动校史研究工作的执行

良法美意，犹待起而行之。任何宏伟的目标只有诉诸实践才能变成现实，任何一个战略都需要执行才能达到愿景。战略管理关键在落实，重点在实施。校史研究工作规划制定得再完美，也只有得到有效的执行，才能取得良好的效果。大学战略管理不仅注重战略分析与战略方案的制定，还注重战略的实施，更注重战略的评估与控制。在一般的管理中，往往以"有效实现学校工作目标的组织活动"的观念行事，一切围绕目标的实现，追求合目的性。而战略管理不仅追求合目的性，同时也追求合规律性，即追求合理、有效地实现战略目标。以战略管理的方法来推动校史研究工作，就是要把校史研究工作当成一个系统工程，全面把握、全程参与，注重质量、打造精品。

1. 战略分层与实施

一项战略的有效实施，必须做到上层领导有力，中层落实到位，下层执行有效，全方位推进。毫无疑问，获得高层领导的支持是一项战略成功的基础。一般而言，战略一经制定，获得高层的支持就是肯定的，但仅仅获得高层领导的支持，还不是完全有效的。要形成有效的领导，还需获得中层领导的推动，要保证重点人物对战略的支持。就大学而言，一项工作的顺利执行除了校领导的支持，还需要依靠各学院和部处负责人的积极支持与合作。我们可以看到，在高校校史研究工作的领导体制中，部分高校是由学校的主要领导担任校史研究工作的领导，大多数高校是由离任校领导担任校史研究工作的领导，虽然领导也很重视，效果却不一定很好。建立有效的领导机制十分重要。中国人民大学借鉴和总结相关经验，设立了校史研究编纂工作委员会作为学校校史研究工作的领导机构。该委员会由现任校长、党委书记担任主任，副校职领导担任副主任，各院系、部处负责人都是委员会成员；同时，离任老领导、著名专家学者组成顾问委员会；而校史研究室作为委员会的日常办事机构，负责组织、推动、参与学校层面的校史研究工作。在具体工作层面，又设有校史研究丛书编委会负责具体研究事宜；具体研究工作分别设立执行主任负责研究工作的开展，而执行主任则大多由学校中层管理者（各院系、部处负责人）或对某一问题素有研究的专家担任。这样，学校上、中、下各级管理人员都参与到了校史研究工作中来，形成了强有力且有效的领导体制（见图 1）。

2. 适应战略需要，建立高效而富有执行力的组织结构和工作队伍

"结构追随战略"是战略管理的一项基本原则。如果说合理分层和有效领导是战略实施的必要条件，那么，高效而富有执行力的组织结构和工作队伍则是战略实施的保证。合理的组织结构是执行的前提。大学管理中的组织有其自身特性，如校史研究工作的组织就具有行政管理和科学研究双重特性：既肩负一定的校史研究任务，又得负责组织推动全校上下的校史研究工作。因而，校史研究工作

组织机构的组建和设置就应该兼顾并且适应这种双重性。以中国人民大学为例，为推动校史研究工作，于 2005 年成立校史研究室，设有行政编制和科研编制，负责全校校史研究工作的组织、推动和校史研究工作。为了增强执行力，校史研究室设在学校办公室。而国内大多数高校的校史研究机构都设在档案馆，只有少数高校单独成立①。应该说，这样的设置在保证功能的前提下，增强了组织的沟通能力、协调能力，提高了执行力。

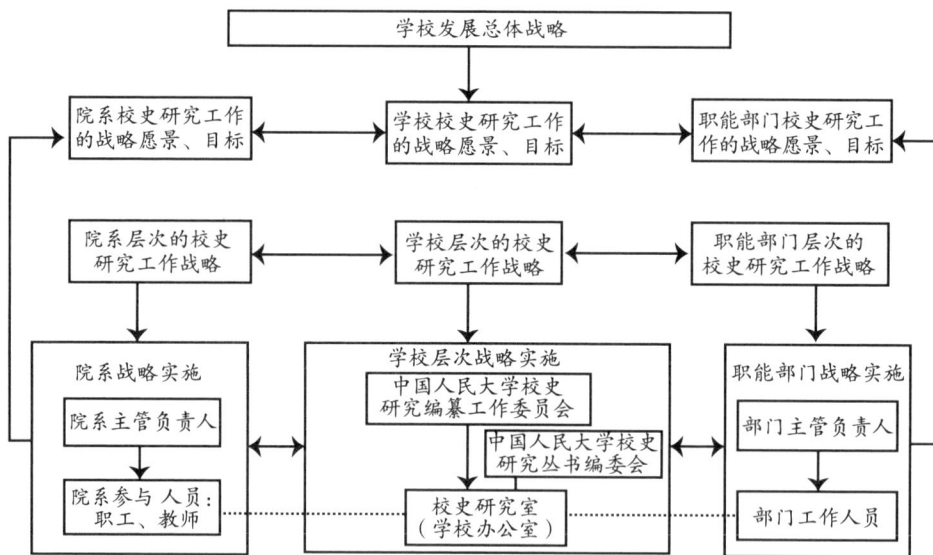

图 1 中国人民大学校史研究工作战略分层与战略实施图

---

① 参见中国人民大学校史研究室：《第 10 届全国高校校史研讨会问卷调查报告》，2008 年出版。

在加强队伍建设过程中，一方面要为关键岗位挑选合适的人，组成核心管理团队，提高组织的管理能力；另一方面，在提高现有研究队伍研究能力、组织能力、协调能力的同时，也要扩大现有研究队伍的范围，壮大研究队伍。校史是全校所有人的校史，并非只有校史研究专职人员进行的工作才算是校史研究工作。为此，应该强化"大校史"的概念：不管是全校总体的历史，还是某个学院或单位的部门简史，不管是学校的规章制度史，还是某一学科的发展史，只要以学校的历史为研究对象，都可以纳入校史研究工作的范围中来，并在规划、经费等方面予以支持。这样，校史研究的队伍就扩大了，从事校史研究工作的积极性也提高了。

中国人民大学在校史研究工作的实践中，一直奉行"众于成志""众人修史"的方针。一方面，学校以课题的形式，大力调动学者的力量参与研究校史。另一方面，学校转换工作思路，进行方法创新，调动院、系、部、处作为研究主体参与校史研究工作，并于2011年召开首次全校院史工作会议，对各学院进行动员。在实践中，以院庆为契机，学校大力支持各学院开展院史、院情研究，并纳入学校的校史研究规划。院系的积极性被调动了起来，从以前的被动参与变成现在的主动研究。2010年中国人民大学命名组建60周年之时，很多学院都积极开展了院史研究工作，如法学院编写了《中国人民大学法学院院史》《法学学科发展史》，新闻学院编写了《木铎日新——人大新闻学院纪事（1955—2010）》等出版物。

由于研究队伍的壮大，研究成果不仅在数量上逐步增长，在质量上也屡出精品。《中国人民大学纪事（1937—2007）》《造就革命的先锋队——中国人民大学史（第一卷）》《血与火的洗礼——从陕北公学到华北大学回忆录（1937—1949）》《在神州大地上崛起——中国人民大学回忆录（1950—2000）》《郭影秋纪念文集——纪念郭影秋诞辰100周年》《往事漫忆——郭影秋回忆录》《中国人民大学志》《求是园名家自述》（第一辑）等一大批校史研究成果已经出版。

3. 建立各种战略支持制度及政策体系

战略支持制度和政策体系是战略有效实施的保障。校史研究工作作为学校的一项基础性工作，同时也是一项冷门工作，需要在政策保障、人才、经费、学术等方面得到坚强的支持。

在工作中，除要充分利用已有的科研支持体系和政策支持外，还要随着情况的变化，增强和改善战略支持的力度与方式。如中国人民大学在校史研究工作中，除正常办公条件的支持之外，还通过校庆专项拨款、校友专项捐赠等形式支持校史研究工作的开展。在奖励制度上，学校各单位也对校史研究工作参与人员在职称评定、职务晋升、科研成果统计等方面进行适当照顾。同时，还在内部通过奖研金的形式，鼓励、提倡工作人员多读经典、多做研究、多发文章。在学术支撑上，建立了专职教师挂职研究的新制度，积极利用学校人文社科实力强的优势，优化校史研究的深度和广度（战略支持系统框架，详见图2）。

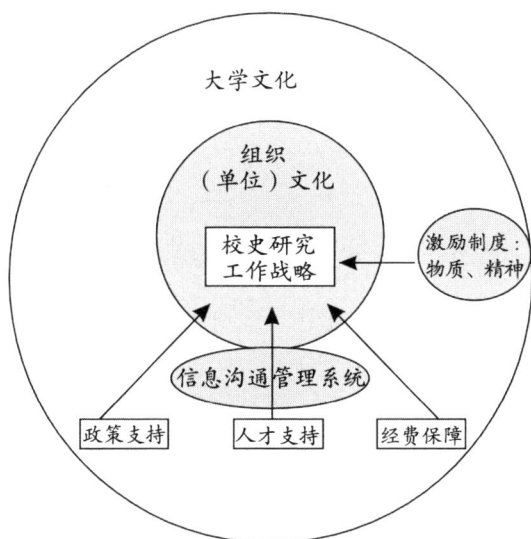

图2　中国人民大学校史研究工作战略支持系统图

4. 校史研究工作需要加强战略评估与控制

战略评估与控制能及时修订偏差，保证战略实施沿着预定的方向发展，是战略规划有效实施的重要方式。校史研究也要重视工作的评估和控制。中国人民大学在校史研究工作的实践中，建立了多种评估与控制制度，如定期汇报制度、课题结项制度、同行评议制度等等。

在校史研究工作中，中国人民大学一方面利用学校已有的年度考核、年终述职等形式来实现工作的评估和控制，还在平时用例会制度、工作内容责任制等形式实现对校史研究专职人员工作的评估和控制。而对校史研究兼职人员工作的控制和评估，则通过课题进展跟踪调查和课题结项制度来实现。

当然，校史研究工作不同于高校一般的管理工作，它既有行政工作的一面，又有科学研究的一面。所以，在用大学战略管理推动校史研究工作的过程中，一方面要强调工作完成的合目的性；另一方面也要强调工作的合规律性，尊重科学研究的客观规律，按学术规律办事。这样，才能推动校史研究工作又好又快发展。

试论中国古代管理思想
对现代战略管理的价值和作用 *

刘向兵　伍　聪

从战略管理理论演变历史来看，战略管理作为管理学的一个重要组成部分，是西方文化制度背景下的产物。中国古代的管理思想对现代战略管理有无意义？如何用来丰富现代战略管理理论？这正是本文的主旨所在。

我国古代管理思想散见于先哲的"治国学""治生学"和"治身学"相关著作及其实践之中，它们包含着丰富、深邃的战略管理思想、思维方式。这些精辟的战略管理思想和以此为基础的实践典范，对现代企业战略管理理论和实践的发展与完善，具有重要的借鉴和启发价值。本文试图通过对我国古代管理思想的梳理，探索具有代表性的古代战略管理思想精华，用以对现代战略管理理论进行充实、修正和创新。

---

* 本文完成于 2012 年 1 月，未发表，收入本书时做了修改。

一、我国古代管理思想中蕴含的战略思维和要素

一般来说，战略是指有关组织的全局性、长远性谋划，即管理者为实现某一目标而制定的政策和规划，它同时具有全局性、整体性、前瞻性和长期性等要素特征。中国是最早提出"战略"思想的国家。中国谋略博大精深，古代管理思想和实践中早已显露出若干战略的各种要素，战略思维和其要素早就存在于先哲的智慧中。

有关战略的价值，《孙子兵法·计篇》阐释得很清楚。虽然"兵者，国之大事，死生之地，存亡之道"，但是，"夫未战而庙算胜者，得算多也；未战而庙算不胜者，得算少也；多算胜，少算不胜，而况无算乎"[①]。打仗作战，有战略谋划则胜，无战略谋划则败。在实践中，谋士张良被誉为"运筹于帷幄之中，决胜于千里之外"，充分使用谋划和战略，帮助刘邦夺得天下。由此可见，战略能发挥至关重要的作用。

对于战略的前瞻性或预测性，鬼谷子在《鬼谷子·摩篇》有关论述中，指出"谋之于阴，成之阳"。《三国志》卷一《魏武帝纪》记载，曹操指出"欲攻敌，必先谋"。诸葛亮在《隆中对》里，科学分析了天下形势，未雨绸缪地提出了"联孙抗曹，三分天下"的

---

① 许毅：《论中国古代谋略观在管理中的现代价值》，《学术探索》2006 年第 6 期。

谋略，成功帮助刘备独霸一方、雄视天下。

有关战略的长期性，我国古代管理思想也多有论述。孟子指出"生于忧患，而死于安乐"，要求人们具有忧患意识，做好长远谋划。司马光强调"人无远虑，必有近忧"，认为运筹谋划必须有长期性，只有具备长远的战略，事业才有相对的稳定性。

对于战略的全局性和整体性，孟子强调"万物一体"；鬼谷子在《鬼谷子·符言》中提出："以天下之目视者，则无不见；以天下之耳听者，则无不闻；以天下之心虑者，则无不知"，意思是指看事物不但要看其本身，而且要将事物和与之有关的事物联系起来全面地看[①]。

如上所述，构成现代战略的各种要素、特征早已存在于我国古代战略思想和实践中，并且以丰富多样的方式初步地表现出来。其中的经典论述和范例，至今还散发出独特的魅力。

二、我国古代战略管理思想的理论价值

在我国古代，一开始并没有"战略"一词，但有大谋、大略、韬略、方略、庙算、将道、战道等一系列相近意义的词，从不同层面和角度描述了"战略"的本质及其价值。我国古代战略管理思想是先哲对各自领域里的不同事物看法与观点的综合。这些思想各具特点、

①贺竞择：《浅析中国古代管理思想——探寻中国古代管理思想的古为今用》，《理论界》2009年第5期。

丰富多彩，借此探讨中国战略文化的精髓，仍具有深刻的理论价值与现实作用。

（一）高度重视战略运筹的作用和地位

从作用和地位上看，战略是治国平天下的"大谋""大略"，先哲对此早已有深刻的认识。早在春秋战国时期，兵家学说就强调战略决策的重要地位和作用。在出兵征战前，国王一般都要召开军政会议，充分讨论战争形势及方略。这种制定战略大计的会议，兵家称之为"庙算"，而把军事决策称为"大谋""大计"。

《孙子兵法》中指出："兵者，国之大事，死生之地，存亡之道，不可不察也"，并且主张出征前应进行"庙算"，分析是否用兵或用兵的策略。《商君书·战法》中也谈道："政出庙算者，将贤亦胜，将不如亦胜"，意思是说，如果战略决策是出自战前会议研究并且是科学、有效的，才能高的将帅可以取胜，才能低的将帅也可以取胜。这充分说明先哲对战略运筹高度重视。

（二）对战略及战术进行理论区分

我国古代兵家谈兵，一般是以治军与用兵相结合、战略与战术相统一为特征的。如在《孙子兵法》中，"五事""七计"是有关战略的内容，而"兵者，诡道也"则是论述战术。主要谈战术的《三十六计》也不是仅仅局限于策略，例如"围魏救赵"就是一种迂回战略。

《吴子》六篇中，《图国》篇论述治国的战略大计，而在《应变》《料敌》等篇中讲的"因形用权"等则是战术策略。

在理论上把战略与战术区别论述，并对其中关系做出详细阐述的是南宋的陈亮，他指出："审敌情，料敌势，观天下之利害，识进取之急缓，彼可以先，此可以后，次第取之，此所谓略"，而"运奇谋，出奇兵，决机于两阵之间，此所谓术也"。他准确地用"略"与"术"两个概念，对战略与战术进行了明确区分。

（三）注重整合资源并发挥整体优势

协调整合各种资源以发挥整体优势，是我国古代战略管理思想突出的特征。先哲把自然界和人类社会看作一个整体，总是将"人"和"自然"两者有机地结合起来，强调"天人合一"，使其紧密结合，共同发挥作用。孔子在《左传·昭公二十年》中指出："宽以济猛，猛以济宽，政是以和"，意思是指在一定条件下，不同事物可通过相互协调，实现整合、和谐，以发挥整体的力量。

《孙子兵法》中也指出，作战打仗牵涉到君主、将军、士兵、民众、间谍。君主要做到"勤民"，并且"将能而君不御"；将军要具备"智、信、仁、勇、严"的品质；士兵比对手是否更强；民众对君主与战争是否有看法；间谍是否做到"知敌之情"、"用间"的方法是否合适等。如果通过整体协调，每类人都能上下一心，真正做到"携手若使一人"，就能取得战争的胜利。

（四）在管理过程中注重发挥信息的作用

信息是指承载、传达某种消息的信号。从本质上说，管理的过程就是从外界获得信息，并对其进行传递、存储、变换、处理、比较、判断和提取的过程。21 世纪是信息化的时代，信息获取手段高度电子化、网络化。一位杰出的管理者必须善于从大量的复杂信息中去伪存真、去粗取精，才能确保决策计划的可行性、有效性，也才能使管理工作立于不败之地。

关于信息的作用，先哲早已有过深刻论述。《孙子兵法》中指出："知彼知己者，百战不殆；不知彼而知己，一胜一负；不知彼，不知己，每战必殆"。在信息的采集上，孙子在《用间篇》中指出："用间有五：有因间，有内间，有反间，有死间，有生间。五间俱起，莫知其道，是谓神纪，人君之宝也"，"五间之事，主必知之，知之必在于反间，故反间不可不厚也"[①]。由此，阐明了信息、情报在战争中的重要性。

三、我国古代战略管理思想对现代战略管理理论与实践的丰富和完善

现代战略管理理论的发展，深受西方国家历史渊源、哲学思想、法律制度的影响，必然导致由西方文化局限性带来的研究和实践误

---

① 许毅：《论中国古代谋略观在管理中的现代价值》，《学术探索》2006 年第 6 期。

区。而对这些误区的补充和完善，正是中国古代战略管理思想的现代价值的体现。先哲从不同的视角、不同的层面去认识和理解，用独特、深刻的谋略，为现代战略管理理论的研究和实践提供了重要的启示。

（一）古代战略管理思想强调战略目标和战略措施的统一

从理论演进过程来看，现代战略管理理论由于深受竞争战略学派的影响，表现出过多的竞争倾向性。"由于迈克尔·波特竞争战略理论在20世纪90年代战略管理实践中的成功所赢得的巨大影响力，使得竞争的原则被绝对化，中外学者由于受到迈克尔·波特竞争优势理论的启发，找到了战争与企业竞争之间的共同点，纷纷把军事战略和战术的原理方法引入到企业发展的战略管理研究之中"[1]。这种研究思路的一大好处，是"丰富了战略管理的内容和带来了富有成果的战略管理实践，但同时容易走到另一极端，这种思路导致战略目标与战略措施的错位，把竞争这种手段作为管理目的来追求"[2]。

中国古代兵家的谋略观正确处理了这种关系。《孙子兵法·谋攻篇》中指出，最高目标是"不战而屈人之兵"，具体的战术措施

---

① 景建军：《论中国古代思想对现代企业管理的积极影响》，《商场现代化》2008年第28期。
② 颜光华：《中国古代管理思想与现代企业战略管理》，《华东理工大学学报（社会科学版）》2003年第3期。

为"上兵伐谋，其次伐交，其次伐兵，其下攻城"。这集中体现了战略目标和战术措施的统一，即重要的是达到最高目标，实现"兵不顿而利可全"，而战术措施必须是紧紧围绕战略目标而展开的，首先是伐谋，然后才是伐交，而攻城是迫不得已的最后对策。这一谋略思想给了我们很大的启示。竞争仅仅是企业实现战略意图的手段，它并不是企业最终追求的目标。极端地使用竞争的手段，将会使我们局限于企业之间"你死我活"的关系，无法达到双赢。从战略决策来说，这也将企业发展战略的思路禁锢在"竞争"这个理念上，而忽略甚至放弃了对其他战略的尝试。一旦摆脱了视竞争为终极目标的误区，企业制定战略的思路就更加宽广、更加符合实践要求。

（二）古代战略管理思想强调伦理的价值和道德的力量

在我国古代管理思想中，来自儒家学说的思想及影响大大强化了伦理的价值和道德的力量。一直以来，战略管理理论总是关注对企业利益的追求，而客观上造成了对商业道德和伦理要求的长期忽略。这种趋势反映到战略管理的实践中，就表现为高度重视与企业战略相关的有形资源力量，而严重忽视了管理过程中精神力量所能发挥的积极作用。

儒家学说在这方面却大有可为。儒家学说从根本上有着浓烈的民俗心理和救世情结，围绕着"德"作为整个谋略的中心而展开。而"德"具体包括了仁、智、勇三个方面；其中，仁是最为主要的，以仁为根本，智是知仁，勇是行仁。儒学中的"仁"有丰富的内涵，但在企业管理范畴内，"仁"的含义体现在"诚信为本"和"以和为贵"两个准则上。当然，这本来就是儒家为了"修身、治国、平天下"而必须实施的修行内容，如果将其应用于战略管理领域，则体现了它的重要现代价值。就经营企业而论，"仁"对内可以规范企业内不同利益群体的行为，对外则优化外部环境、营造共同发展的和谐氛围。这种思维超越了狭隘的竞争理念，进一步丰富了战略管理的研究思路。

现代企业间的竞争逐渐表现出一种趋势，即从遵循纯经济性的原则走向兼顾社会性、公益性的原则。这种"社会性"的趋势进一步强化了战略管理中道德和伦理的影响力，使得道德和伦理不仅仅是个人层面"修己安人"的自我约束，而且是企业间一种行之有效的竞争手段，同时意味着我国古代谋略观"以仁治国""道德胜于强权"等观点在现代战略管理研究和实践中有着广阔的应用前景。此外，我国古代的谋略观具有较为明显的辩证思维特征，强调物质和精神二者统一。在物质层面上，每一谋略涉及天时、地利、人和等因素；在精神层面上，又必须有来自于战略主体的仁、智、勇等品质的结合。在这种谋略观中，包含了相互交叉、相互融合的战略要素和战略主体，为现代战略管理理论提供了重要的启示，拓宽了战略管理的研究视野。

（三）古代战略管理思想重视管理过程的动态权变

中华民族是一个重视权变的民族。我国古代战略管理思想追求在动态权变过程中获得整体优势，而非静态的、一成不变的优势，这也可看作我国古代战略管理思想对现代战略管理的一大贡献。所谓动态权变，意思是主动求变，根据实际情况主动对战略进行调整，即"因时而变""因势而变""因敌而变"。动态权变，其目标主要有两点：一个是通过权变更好地捕捉对手的弱点；另一个就是不断根据环境变化自我改善，增强自身的优势。

在中国古代，儒家提倡"执中""执一"和"守经"，但同时也主张"通权达变"，强调必要的灵活性[①]。兵家则始终重视"权变"问题，《孙子兵法·计篇》中谈道："利而诱之，乱而取之，实而备之，强而避之，怒而挠之，卑而骄之"，意思是考察对方的特点，调整自己的策略；同时，"能而示之不能，用而示之不用，近而示之远，远而示之近"，告诉我们如何使自己转弱为强，进一步增加自身优势，在动态变化中做到"致人而不致于人"。《孙子兵法·虚实篇》中还谈道："水因地而致流，兵因地而致胜，水无常形，能因敌则取胜者谓之神"，告诉我们要在不断变化中取得最终的胜利。《三国志》卷一《魏武帝纪》中记载，曹操认为"因事设奇，谲敌制胜，

---

① 纪宝成：《弘扬儒商文化，践行儒商精神》，《重估国学的价值》，中国人民大学出版社 2012 年版，第 180 页。

变化为神"，论述的也是动态权变的道理。

此外，根据外部环境的变化，通过建立广泛的战略联盟，进而形成更大的战略优势，这也是动态权变的思想，先哲早在《鬼谷子》所论述的纵横学说中就总结、提炼过。所谓"合纵连横"，是指战国时期诸侯各国群雄蜂起、连年混战，君主们为拉拢各国、建立联盟，在军事、外交上实施的一种策略。《韩非子·五蠹》中指出，"合纵"的意思是"合众弱以攻一强"，而"连横"的意思是"事一强以攻众弱"。《鬼谷子·忤合》也谈道："己必度才能知睿，量长短，远近孰不如"，"乃可以进，乃可以退，乃可以从，乃可以横"。意思是，在合纵连横前，应进行客观分析，必须考虑到各方利益，形成"多赢"或"双赢"。通过合纵连横促成更大范围综合优势的思想，有利于指导经营企业战略兼并和战略联盟的形成，对企业多元化发展战略也有重要意义。

应当看到，西方战略管理理论在经过了多年的探索后，越来越注重对环境变化的适应，越来越注重"权变"问题[①]，这与中国古代战略管理思想中对"权变"的重视有异曲同工之妙。

四、我国古代战略管理思想对大学战略管理的启示

探讨我国古代战略管理思想对现代战略管理的意义，也对推进

---

① 亨利·明茨伯格等：《战略历程（修订版）》，机械工程出版社 2006 年版，第 225 页。

大学战略管理有着积极的意义。例如，老子在《道德经》中指出："天之道，利而不害，圣人之道，为而不争"。从表面上看，似乎是"无为"和"不争"的策略；实际上，被赋予了积极意义的"无为""不争"，意思是"有所为"而"有所不为"、"有所争"才"有所不争"。我国古代谋略观中的无为思想，是战略管理的战略选择环节可资借鉴的重要思想，对于现代大学培育核心竞争力也具有重要的指导意义。随着高等教育改革的深入与教育事业的迅猛发展，高校之间的竞争局面愈演愈烈。因而，高校要想保持自身的生存空间和获得更大的发展，就必然要提高自身的竞争力，特别是核心竞争力。大学核心竞争力的建设和培育，或核心竞争力战略的实施，就可以按照无为思想，对战略重点进行取舍，做到"有所为，有所不为"。"有所为"和"有所不为"是辩证统一的。"有所为"是目的，"有所不为"是达到目的的手段和方法。在大学资源有限、精力有限、时间有限的情况下，如果不分主次、轻重、缓急，什么都去做，反而什么都做不好；只有牢牢把握人才培养和科学研究这两项大学的核心任务，整合各方资源，集中力量办大事，才能在强化自身优势过程中，逐渐形成具有自我特色的核心竞争力。我们这些年看到，许多高校在学科和专业选择上坚持特色，不贪大、不求全，踏实努力，取得了学科建设和质量提升的突出成绩，就是无为思想在战略管理中的生动实践。

此外，借鉴好中国古代的管理思想，也有助于大学在战略管理中把握好兄弟高校之间战略竞争与合作的关系，把握好整合资源这一重点，把握好教育作为公益性事业的本位而抵制教育市场化、功利化倾向，对以权变思想在战略规划实施中及时调整也很有裨益。

总之，富有民族创造力的 5000 年悠久历史文化，使中国古代战略管理思想包容万象、内涵丰富，并与许多现代管理思维、管理模式、管理方法不谋而合。在战略管理的研究和实践中，我们应进一步强调中国特色理念，取其精华、推陈出新、古为今用，使中国古代战略管理思想更好地丰富现代管理理论，进一步推动、促进中国特色社会主义现代化的管理服务和实践。本文在此方面只是开了个头。

质量·内涵·发展
——从核心竞争力战略的视角 *

刘向兵

一、什么是核心竞争力与核心竞争力战略?

核心竞争力战略是企业战略管理和大学战略管理中的一种重要战略。大学要实施核心竞争力战略,首先要搞清楚什么是大学的核心竞争力。经过长期研究,笔者曾提出:"大学的核心竞争力(The Core Competence of the University)是指一所大学长期形成的、能使大学在竞争中取得可持续发展的、建立在大学战略性资源基础之上的获取、创造、整合资源的特有的能力",是"基于战略性资源的能力",是"支配能力的能力",具体可体现为大学的人才培养能力和学术研究能力。而大学的学科是这两种能力的载体,"是由学者、学术信息和学术物质基础三类资源有机结合起来的","是大学知识创

---

* 本文为作者于 2013 年 4 月参加安阳师范学院高等教育"质量·内涵·发展"论坛时的演讲稿,收入本书时略有修改。

造、人才培养和社会服务的基本工作单元和工作载体"①。这样看来，一所学校要做大做强自己的核心竞争力，即人才培养能力和学术研究能力，就要抓住学科建设这个枢纽、这个环节紧紧不放。正如教育部学位与研究生教育发展中心主任李军所说："学科是高校核心竞争力和办学特色的集中体现，开展学科评估旨在促进学科建设，提高研究生培养质量和学位授予质量。"学科评估的四个一级指标恰恰是"师资队伍与资源""科学研究水平""人才培养质量"和"学科声誉"②。

为此，笔者曾提出"研究型大学核心竞争力战略"，即："通过研究型大学核心竞争力的识别、培育、运用与评估，确保核心竞争力保持与环境变化相适应的领先性，并能持续给大学带来竞争优势，实现大学的跨越式发展的过程。"这种过程的关键，是识别自己的核心竞争力即人才培养能力和学术研究能力究竟强在何处，通过学科依托来培育、提升这两种能力。

这样，大学实施核心竞争力战略，就与本次论坛的主题非常契合。质量（人才培养质量、学术研究质量）是核心竞争力这种能力的根

---

① 邹晓东、黄争舸、陈劲：《基于学科核心能力的学科组织创新》，《科学学科研究》2004 年第 22 卷第 4 期。
②《我国391个高校及科研机构的4235个学科完成"体检"，2012年学科评估结果公布》，http://www.moe.edu.cn/publicfiles/business/htmlfiles/moe/s5147/201301/147338.html。

本体现，也是核心竞争力战略的内在要求；内涵是核心竞争力战略的一种基本路径，即提升核心竞争力必然要求眼睛向内，深入挖掘核心竞争力在自己的学校是怎样形成的，又是怎样基于这样的基础稳步提升的；发展则是核心竞争力战略的根本目标。

二、中国人民大学是怎样狠抓核心竞争力的？

中国人民大学的核心竞争力即人才培养能力和学术研究能力，究竟强在何处？大家会众口一词，认为是强在人文社会科学领域。

肇始于陕北公学，经华北联合大学和华北大学，在新中国成立后命名组建的中国人民大学，以"培养万千建国干部"为己任，一开始就确定不设立别的学校已有的理工科，而是设立了完全是经济管理类学科的经济计划、财政、贸易、工厂管理、合作社、法律、外交、俄文八大系，后来陆续建立了文、史、哲、新闻、社会、档案、科学社会主义、马克思主义等学科，围绕这些学科狠抓教学、科研和师资队伍、教材建设。到"文化大革命"期间人民大学被迫停办时，学校已具备以哲学社会科学为主的综合性大学的规模，发展成为一所以培养马列主义师资和财经、政法干部为主的综合性大学。经历了停办的厄运，恢复办学的人民大学依然坚持人文社会科学为主的学科特色，同时在保持原专业布局的前提下，根据时代发展和实践需要，相继建立了计算机、经济信息管理、商品学、数学、档案技术保护、食品工程等与经济、管理类专业密切相关和交叉渗透的理工科专业。学校几任领导都明确这样的学科建设思路，即依托已有的硕士点和博士点专业，争取做全、做大、做强人文社会科学学科，弘扬业已形成的、黄达老校长所说的"学术生产力"。到20世纪末，人民大学拥有全国重点学科14个，全部在人文社会科学领域，而且约占全国文科重点学科总数的1/5。

进入21世纪，人民大学更是响亮地提出要创办以人文社会科学为主的世界一流大学，走出一条"内涵提高、特色强校、质量第一"的世界一流大学之路。围绕这个目标，人民大学进一步明确了不贪大、不求全，有所为、有所不为的办学特色定位，以人文社会科学为主、"主干的文科、精干的理工科"的学科定位。"学科建设是体现大学教学、科研水平的重要标志；是培养高层次、高素质优秀人才的前提；是高水平、创新性科研成果产生的平台；是学术大师和顶尖人才脱颖而出的基础；是带动学校整体水平提高的龙头；是综合性、研究型、国际性一流大学核心竞争力形成的源泉，对于学校的发展具有重要的战略意义"[①]，按照这样的战略构想，人民大学居安思危、居危思危，狠抓学科建设，努力维护在全国的竞争优势地位。按照有利于学科发展、有利于资源优化配置、有利于学校长远发展的目

①《中国人民大学"十五""211"工程可行性研究报告》。

标，兼顾国际通行、中国特色和人大特有三个原则，进行了广泛深入的院系调整工作，先后组建成立了商学院、公共管理学院、环境学院、外国语学院、人文学院、马克思主义学院、社会与人口学院、信息资源管理学院、统计学院、农业与农村发展学院、培训学院等，新成立了国学院、理学院、教育学院等。这样，较好地整合了学科资源，巩固传统优势学科，发展社会应用学科，扶持基础学科和新兴交叉学科，学科综合实力进一步增强，布局更为合理，学科建设能力得到了提升。同时，多方筹集办学资源，加大资金投入，加大人才引进力度，狠抓教学工作、科研工作、国际交流，推进教学、科研改革，加大能力建设的强度。学科建设与校园建设的同步推进，"院系工作年""人事工作年"这些重点工作的次第展开，"大师、大楼、大气"三位一体全面提升的办学思路的实施，为发展和繁荣哲学社会科学事业不懈呼吁，致力于弘扬中国传统文化等等，都从多方面提升了人民大学的学科实力，弘扬了办学特色。人民大学一年一度重要的学院工作会议上，有一项一以贯之、从未改变的主题就是学科分析，有数字、有名次、有对比，有喜有忧，分析出了压力，也分析出了动力，令与会的院长们深感肩上责任之重。2005 年，人民大学有 5 个学科获得教育部一级学科评估的第一名，2009 年评估则上升为 7 个，2012 年稳步上升为 9 个。三轮评估，人民大学的成绩均在人文社会科学领域保持领先，并居全国高校首位，充分体现了在人文社会科学方面的突出实力。

在这样的发展过程中，人民大学顶住了三大压力、克服了三大困难。一是在大学合并、扩张沸沸扬扬之际，人民大学不为所动，不盲目跟从，不随波逐流，不贪大求洋，一心守护自己的办学特色，确保自己的办学质量。二是"重理轻文"的阴影挥之不去，国家"211工程""985工程"等重大项目的拨款和资源投入对人民大学严重不利。人民大学不气馁、不放弃，而是千方百计多渠道争取办学资金，提高投入产出效益，并把有限的资金集中用于学科建设和办学条件改善。三是不少的排行榜喜好按照办学规模（办学经费、科研项目等）和偏重理工科的指标体系（院士数量、论文数量、实验室数量等）进行大学排行并进行炒作，常常使得人民大学的排名无端靠后，处境极为尴尬，严重误导媒体和社会公众。人民大学能在如此艰难的环境下，始终坚持人文社会科学为主的办学特色，默默坚守，默默遵循自己的道路，实在难能可贵。

"大学之大乃学生之大"，"大学之大乃学术之大"，大学的核心竞争力在于人才培养能力与学术研究能力，在于学校的学科优势。大学的综合实力固然重要，但如果没有自己的"王牌"学科，没有一流的人才培养和学术研究成果，是不可能成为一流大学的。只有发挥学科优势，有所为，有所不为，才会形成自己的特色与个性，才会在优势学科领域取得突破，才会使自己的核心竞争力得到培育和提升。从第三轮评估结果看,北大排名第一,主要集中在人文科学、理学和基础医学;清华集中在工学;人民大学则集中在社会科学和管理学科。"这些特色正是造就该三所高校的毕业生质量、研究成果、学术声誉长期领衔于中国上千所大学的重要原因。"[1]正是从这个意义上说,人民大学在第三轮一级学科评估中获得9个第一,继续稳坐三甲地位,可谓是学科建设的成果,是核心竞争力战略的成功。

三、大学实施核心竞争力战略要注意什么?

核心竞争力的理念来源于企业竞争,又在企业竞争中得到迅速发展。大学同样如此,一所大学在激烈的竞争中能否发展,最终取决于是否具备核心竞争力。可以说,中国的大学已经进入"战略制胜"时代,这是大学实施核心竞争力战略的一个最为重要的背景。大学实施核心竞争力战略,要注意三个问题。

(一)认真识别自己的核心竞争力

战略总是与竞争紧密联系在一起,核心竞争力战略就是谋划大学在发展竞争中根本性的、深层次的、影响深远的胜利。从管理角度看,任何组织总是力图从各个方面降低或减少环境的不确定性。这在平衡、稳定的环境中容易实现,因为组织可以制定具体政策、

---

① 陈传仁:《北大清华人大为何"牛"》,《环球时报》2013年2月4日。

规章来处理日常事务。但在竞争、变革的环境中，由于资源有限性、规模有限性和竞争残酷性、排他性的法则，大学只有在竞争中比对手更强大，才能更好地发挥核心能力。因此，选择核心竞争力这种"有选择性的卓越"的发展战略[①]，识别体现自己核心竞争力的学科所在，"有所为，有所不为"，使自己的核心竞争力更强，才能在竞争中立于不败之地。我注意到安阳师范学院在发展中突出中原文化、汉字文化等特色和优势，实施质量立校、学科兴校、人才强校三大战略，应是此方面的有益探索。

（二）坚定不移地培育和提升自己的核心竞争力

在中国高校最近 10 多年的发展历程中，大家看惯了合并、扩张、升格，看惯了一些"航空母舰""巨无霸"高校的志得意满，看惯了所谓"学科齐全""经费充足""校区众多"带给某些高校的"排位靠前"等正向鼓励。殊不知，这样的结果不仅可能导致中国多数高校千校一面、大同小异，更可能导致优质资源稀释、办学精力分散，直接影响人才培养质量和学术研究质量，导致大学核心竞争力的降低乃至流失。此次评估中，一些在众多高校排行榜中排名比较靠前的学校并未取得好的成绩；而除人民大学之外，还有中国农业大学、北京师范大学、北京林业大学等一些规模相对不大，而特色突出的

---

① 毛亚庆：《论市场竞争下的大学发展战略》，《北京师范大学学报（社会科学版）》2004 年第 2 期。

大学则由于自己的坚守，也都取得了令人称赞的成绩，再次说明培育和提升核心竞争力要"咬定青山不放松""任尔东西南北风"。今天参加论坛的合肥工业大学也是坚持"基础研究与应用性研究并举，以应用性研究为主"的科研指导方针，鼓励和倡导把"论文写在产品上，研究做在工作中，成果转化在企业里"的科研价值理念，大力实施产学研工程，这种理念和做法，本身就已成为这所学校的核心竞争力所在，坚持不懈地做下去，就能持续地促进自己的发展。

（三）持之以恒地培育和提升自己的核心竞争力

核心竞争力的培育和提升是一个漫长的过程，要耐得住寂寞，遵循学科成长的规律。中外高等教育的许多例证告诉我们，一所大学的人才培养能力和学术研究能力是在长期实践中形成的，一所大学的学科特色、学科优势也是在长期实践中形成的。所以，一所大学的核心竞争力也一定是在长期办学中形成的，绝不可能一蹴而就。"学科建设如同企业家经营一样，不仅要目标明确、具有创新意识，而且要有长期不懈的经营意识。"①没有几代学者的努力，一所大学就能培养出一流的人才，就能产生一流的成果，是不可想象的，或许这也可以看作教育界的"三代出贵族"现象。这些年的很多实例说明，指望通过合并、扩张等"大跃进"的方式迅速提升办学实力，

① 杨瑞龙：《学科建设要有长期不懈的经营意识》，《中国教育报》2013年2月15日第5版。

或者指望挖人才甚至搞所谓"学科搬家"来很快提升学科实力，都很难奏效。办大学是一项慢功夫，这是教育规律、学科成长的规律，和办企业完全是两回事。正因为如此，我们要批评某些为博眼球甚至为兜售自己的出版物而搞的不负责任的所谓"排行榜"。它们的指标体系误导一些大学走上了短期内易见效的拼规模、拼经费、拼资源、拼论文数量的发展道路，而忽略很难短期见效的办学特色的弘扬、核心能力的培养。还有一个不得不提醒的事实是，这样的"排行榜"也助长了高等教育界的急功近利风气，使得不少高校风气浮躁、行为飘忽，何谈大学的精神、大学的品格？对这样的"排行榜"，该到大家一起说"不"的时候了。

综上所述，大学走质量提升、内涵提高之路，就是走了一条核心竞争力战略的发展之路。

内部治理结构变革
——地方高校实施转型战略的关键性战略措施 *

刘向兵

　　部分地方普通高校向应用型转型，可以看成这些高校启动了可以称为"转型"的战略。探讨部分地方普通高校向应用型转变问题，不能不高度重视内部治理结构变革这一重要因素。这也可以看作高校实施转型战略过程中，在组织变革与功能再造领域实施的关键性战略措施。

　　2015年10月，教育部、国家发改委、财政部三部委联合发布《引导部分地方普通本科高校向应用型转变的指导意见》，提出"建立学校、地方、行业、企业和社区共同参与的合作办学、合作治理机制"，"转型高校可以与行业、企业实行共同组建教育集团，也可以与行业企业、产业集聚区共建共管二级学院。建立有地方、行业和用人

---

* 原文发表于《人民政协报》2016年3月30日第10版《教育在线·声音》，题目为《变革内部治理结构，推进地方高校转型》，收入本书时略有修改。

单位参与的校、院理事会（董事会）制度、专业指导委员会制度，成员中来自于地方政府、行业、企业和社区的比例不低于50%”，为应用型大学内部治理结构变革指明了方向。

不同于"学科逻辑"主导下传统研究型大学的"教授治理"特征，应用型大学的内部治理更崇尚"应用逻辑"，主张大学要更加多元开放，实现与行业、企业、地方、社区等外部力量的"合作治理"。传统大学内部扎根于学科的"学者行会"力量与根植于科层管理的行政权力的边界均需打破、重构,实现大学内部治理结构的"转基因"。

一、从"教授治学"走向"合作治学"，实现学校层面应用型学术治理体系的建构

我们应当看到，应用型大学核心的问题是"学术"的概念更加宽泛了，既有传统大学的"学术之学"，也有应用型大学的"应用之学"。要切实落实"合作治理""合作治学"，确有必要建立有地方、行业和用人单位参与的学校理事会（董事会）制度、专业指导委员会制度。同时，考虑到我国高校的理事会（董事会）多为咨议机构，而专业指导委员会也多限于教学指导和学科建设，为更好地实现转型目的，可以考虑成立学校层面的学术治理委员会。成员除学校的学术委员会成员外，应吸纳部分有学术背景的行业领袖和企业家参与。

学术治理委员会研究的事项应包括三类：一是由教授主导的传统教学与研究事项，二是行业、企业参与的教学与研究事项，三是由行业、企业主导的科研与合作事项。其中，由教授主导的传统教学和科研事项，应由大学学术委员会研究决策；而其他两种需要行业、企业参与的事项，则可交由应用型大学的学术治理委员会决策部署。针对行业、企业在相关教学、科研等学术治理事项中的"代表性"和"利益相关度"，拟定不同的决策机制和议事规则，分配不同的决策权限，并赋予相应的责任与义务。

二、从"泛行政化"走向"企业化"管理，实现全校行政管理体系的重构

应用型高等教育的兴起，迫切要求行政权力的行使更加科学有效，实现从"泛行政化"向"企业化"管理模式的转型，建立具有市场导向、创业思维、使命聚焦、精干高效、协同开放特征的"企业化"管理模式。这样的行政管理团队，特别是大学的领导层应扮演"制度性企业家"的角色，与行业、企业、地方及社区保持密切互动和沟通，持续增加大学组织变革的动力，增强大学行政管理团队的"市场嗅觉"。行政体系传统的科层制也必须打破，形成"类企业"的扁平化组织结构，例如一些高校将原有机构调整为战略规划部、人

力资源部、校企合作部等，都有利于更好地实现应用型大学的办学理念和使命。

三、从"教授治院"走向"合作治院"，实现基层学术组织的变革

大学是"底部沉重"的组织，要实现全校或部分专业向应用型转型，必须推进基层学术组织——学院或系的治理结构变革，方能凸显基层学术组织的能动作用，激活学术心脏地带。目前，一些地方大学在转型中已开始探索二级学院"共建共管"的学院治理机制，拓展和深化行业、企业与地方政府参与治理的空间，如常熟理工学院的汽车工程学院等。还有的公办高校与民营企业共建二级学院、特色学院，兼任学院董事长的企业家在学院办学方向、课程设置、实习实训等方面发挥较大作用，从单一主体的"教授治院"走向了多元主体的"合作治院"，如宁夏大学葡萄酒学院等。

上述三个方面，或能体现应用型大学内部治理结构的规律，形成因应转型的内部治理结构变革的共同模式。同时，各个转型高校在具体实践中，还应根据各自的行业背景、区域产业、地方支持情况以及长期形成的办学优势来具体设计和实施，从而助力地方普通高校实施好转型战略，实现地方高校在应用型转型中的百花齐放、百舸争流，特色办学、特色强校。

后 记

1999 年，我师从徐二明教授攻读企业战略管理专业的博士研究生。出于专业学习和实际工作的需要，我一直在思考战略管理理论与大学管理的结合问题，也进行了相关文献检索。我发现，当今世界许多著名大学在发展过程中，都不同程度地运用了企业管理的某些理念。从市场营销到全面质量管理，从激励理论到归因理论，从VI、MI 到 CIS，从校本管理到学习型组织等等，几乎无一例外地成为大学管理的新内容、新理念。于是在恩师的鼓励和教导下，我开始了对战略管理理论与高校管理"嫁接"的探索。从 2003 年起，我先后主持了中国人民大学课题《中国高校发展的战略思考——高校战略管理研究》《以人文社会科学为主的世界一流大学的发展战略研究》和教育部软科学研究课题《中国研究型大学跨越式发展模式研究》。我在恩师悉心指导下历时六载完成的博士学位论文《中国研究型大学核心竞争力战略的研究》，成为国内较早的以企业核心竞争力理论研究研究型大学发展战略的博士学位论文；我和李立国博士合作完成的《大学战略管理导论》一书（中国人民大学出版社2006年12月出版），也成为国内较早的研究大学战略管理的专著。

在10多年的研究历程中，我也产生了一些论文性质的研究成果。这些论文，有的是我和我负责的课题研究团队成员一起完成的，有的是和我指导的研究生一起完成的，有的是我结合博士学位论文独立完成的。其中公开发表的多篇，都被国内研究者广泛引用。现在回过头看，结合这些年我国高等教育发展的形势及许多大学的发展情况，多数论文的观点和创新还不算过时，对我国的大学贯彻《国家中长期教育改革和发展规划纲要（2010—2020年）》精神、提升教育质量和办学水平，乃至业已启动的高校"双一流"建设战略，或许仍有一定积极意义。为此，在恩师徐二明教授和一些同人、朋友的鼓励下，我不揣冒昧，将它们结集出版。

促使我下决心将论文结集出版的另一重要原因，是包括中国人民大学在内的许多高校进入21世纪以来办学实力的显著提升。这种提升既可归因于学校领导者对现代大学办学规律的准确把握，归因于凝聚人类文明精华的大学精神与现代管理理念的水乳交融，在我看来也可归因于对战略管理理论的自觉借鉴，特别是许多高校10多年里狠抓学科建设不动摇，也完全吻合核心竞争力战略的发展路径。我有幸成为这一高教事业长足发展历史阶段的观察者、见证者、受益者，把自己的研究成果奉献出来，使高校的战略管理之路走得更踏实、更清晰，也不失为对这样一个历史时代的一种回报。

衷心感谢恩师徐二明教授给我的指导和帮助。是他把我带入战略管理的"丛林"世界，让我领略战略管理特别是核心竞争力理论的魅力；是他在我学术研究的每个关键时期，第一个给我以莫大的支持和鼓励；也是他从学科方向、理论溯源、观点梳理、数据支撑等方面给我许多具体指导。恩师培育，没齿难忘。

感谢挚友李立国博士，出身于教育史学科的他，是我从事大学战略管理研究最好的、始终如一的搭档。我们不仅学科互补，更是意气相投，他在论文框架、理论梳理及案例支持等方面总能给我以清晰、有力的支持。感谢先后与我同门同届的许可博士给我在研究方法、理论支撑方面的支持。感谢先后参与有关课题研究的梁敬芝、傅春梅、倪莹、伍聪、万静等同事，杨小凤、张琳、李亚娟、邱世磊、姚荣、周蜜等学生，以及在论文整理、审核中付出大量心血的陈蓝蓝同事。

尽管我自信这种"嫁接""移植"有着一定理论创新和探索价值，但在本书付印之际，我仍感到遗憾多多。由于大学战略管理的研究和实践在我国仍处于起步阶段，研究方法的驾驭、量化标准的制定、数据的获取等方面都殊为不易，而工作纷繁复杂、时间紧迫，又不时影响我们思考的连贯和研究的深入。更令人遗憾的是，很多研究成果距今已 10 年有余，与当今高校改革发展的理论与实践相比，难免已显得有些滞后。唯愿今后在此方面能继续探索，补苴罅漏，有所长进。期待各位师长、同人体谅并不吝赐教！

刘向兵

2016 年 7 月 20 日

统　　筹:侯俊智　侯　春
策划编辑:侯　春
责任编辑:侯　春
装帧设计:略点设计

图书在版编目(CIP)数据

大学战略管理散论/刘向兵 等 著. —北京:人民出版社,2016.9
ISBN 978-7-01-016477-9

Ⅰ.①大… Ⅱ.①刘… Ⅲ.①高等学校-战略管理-研究-中国 Ⅳ.①G647

中国版本图书馆 CIP 数据核字(2016)第 166818 号

大学战略管理散论
DAXUE ZHANLÜE GUANLI SANLUN

刘向兵 等 著

人民出版社 出版发行
(100706 北京市东城区隆福寺街 99 号)

北京汇林印务有限公司印刷　新华书店经销

2016 年 9 月第 1 版　2016 年 9 月北京第 1 次印刷
开本:710 毫米×1000 毫米 1/16　印张:12.5
字数:120 千字

ISBN 978-7-01-016477-9　定价:50.00 元

邮购地址 100706　北京市东城区隆福寺街 99 号
人民东方图书销售中心　电话 (010)65250042　65289539